1.

わたしたちのまちと市のようす①

まちのようす

 JN111050

アッと たえ わせ

(　　)にあてはまる言葉を右の □ に書きましょう。

◎ 方位をたしかめるためのじしゃ
くを(①)といい、色のつ
いたほうが(②)をさす。

◎ 地図はふつう(②)を(③)にして表す。

◎ 方位は東・西・南・北で表す。
・(④)…朝、太陽がのぼる
方向。
・(⑤)…昼の12時に太陽
がある方向。
・西…夕方、太陽がしずむ方向。　↑(⑥)

北
西━━━┼━━━東
南

◎ 4つの方位を合わせて(⑥)という。

◎ 土地の使われ方やたてものなどを、決まった記号で
表したものを(⑦)という。

(⑦)	表しているもの	もとになったもの
 文	(⑧)	「文」の文字の形
○	(⑨)	くだものの実の形
📖	(⑩)	開いた本の形

地図記号はもとになった形から考える
とおぼえやすいよ！

①	
②	
③	
④	
⑤	
⑥	
⑦	
⑧	
⑨	
⑩	

サクッと こたえ あわせ
答え 65ページ

わたしたちのまちと市のようす①
まちのようす

1 次の問いに答えましょう。　　　　　　　　70点（1つ7点）

(1) 次の文中の①～③にあてはまる言葉を書きましょう。

> 方位をたしかめるためのじしゃくを方位じしんといい、色のついている方は北をさす。また、朝に太陽が（①　　　　　　）方向が東、夕方に太陽が（②　　　　　　）方向が西、（③　　　　　　）時に太陽がある方向が南である。

(2) 右の図の①～④にあてはまる方位をそれぞれ書きましょう。

①（　　　　　　）　②（　　　　　　）
③（　　　　　　）　④（　　　　　　）

```
        ①
        /|
       / |
      /  |
 ④——————+——————②
        |
        |
        ③
```

(3) 次の文のうち、正しいものには〇を、まちがっているものには×をつけましょう。

①（　　　）東西南北の4つの方位を合わせて四方位という。

②（　　　）方位じしんはつねに手のひらに乗せて使う。

③（　　　）地図はふつう北を上にして表す。

2 次の地図記号が表しているものを、答えましょう。　　30点（1つ5点）

①

（　　　　　　　　　　）

②

（　　　　　　　　　　）

③

（　　　　　　　　　　）

④

（　　　　　　　　　　）

⑤

（　　　　　　　　　　）

⑥

（　　　　　　　　　　）

> **ポイント** 地図記号などのきほんてきなことや、土地の使われ方やたて物のとくちょうなどを知っておくと、地図を読みとるときにとても役に立ちます。

きほんの
ドリル
2.

ステップ1 ⏱時間 15分 問／10問中

月　　日

サクッと
こたえ
あわせ

答え 65ページ

わたしたちのまちと市のようす②
市のようす①

（　）にあてはまる言葉や数字を右の☐に書きましょう。

- 右のような（ ① ）方位は、東西南北の（ ② ）方位よりも、くわしく方位を表すことができる。

北西 北 北東
西 ─ 東
南西 南 南東

- 北と東の間の方位を（ ③ ）、東と南の間の方位を（ ④ ）、南と西の間の方位を（ ⑤ ）、西と北の間の方位を（ ⑥ ）という。

- 市のようすを調べるときは、市の全体がわかる（ ⑦ ）や写真をさがす。

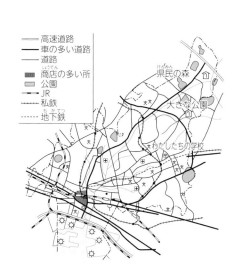

高速道路
車の多い道路
道路
商店の多い所
公園
JR
私鉄
地下鉄

県民の森
大きな公園
わたしたちの学校

- 土地の高い所や（ ⑧ ）所のようすを調べる。

- 店の多いところ、工場が集まっているところなど、（ ⑨ ）の使われ方を調べる。

- 道路や鉄道など、市の（ ⑩ ）のようすを調べる。

八方位で方位を表すときは、「北」か「南」を先にして、「東」「西」をあとにつけるよ。

①	
②	
③	
④	
⑤	
⑥	
⑦	
⑧	
⑨	
⑩	

きほんの
ドリル
> 2。
ステップ2
時間 15分
合かく 80点 /100
月 日

サクッと
こたえ
あわせ
答え 65ページ

わたしたちのまちと市のようす②
市のようす①

1 右の図の①〜⑧にあてはまる方位をそれぞれ書きましょう。40点（1つ5点）

①(　　　　　　　　)　②(　　　　　　　　)

③(　　　　　　　　)　④(　　　　　　　　)

⑤(　　　　　　　　)　⑥(　　　　　　　　)

⑦(　　　　　　　　)　⑧(　　　　　　　　)

```
        ①
(⑧)        (②)
    ＼ ｜ ／
(⑦)ーー＋ーー(③)
    ／ ｜ ＼
(⑥)        (④)
        ⑤
```

2 右の地図を見て、次の問いに答えましょう。　60点（1つ12点）

(1) 市役所から見て、①交番、②神社はそれぞれどの方位にありますか。八方位で答えましょう。

①(　　　　　　　　)

②(　　　　　　　　)

(2) 地図からわかることを、㋐〜㋒から1つえらびましょう。

　㋐　駅の近くには、はくぶつ館がある。

　㋑　病院から見て、消ぼうしょは南東にある。

　㋒　公園は駅の北がわにある。

(　　　　　　　　)

(3) 地図に多く見られる、右の地図記号が表しているものを、　　からえらびましょう。　(　　　　　　　　)

　発電所　　ゆうびん局　　温せん

(4) 市のようすの調べ方としてまちがっているものを、㋐〜㋒から1つえらびましょう。

(　　　　　　　　)

　㋐　遠い所は行けないので、近くのようすだけを調べる。

　㋑　住んでいる人に電話や手紙で話を聞く。

　㋒　市役所や駅などに行って、地図や写真などのしりょうを集める。

ポイント
方位はどんなときも地図を読み取るうえでだいじなじょうほうです。地図である場所を説明するときには、これまでに学んだ方位を使って表してみましょう。

 ステップ1

時間 15分

問／8問中

月　　日

サクッと
こたえ
あわせ

答え 65ページ

わたしたちのまちと市のようす③

市のようす②

(　　)にあてはまる言葉を右の□に書きましょう。

◎ 土地の(①)は、山から平野や海に向かってひくくなっていく。

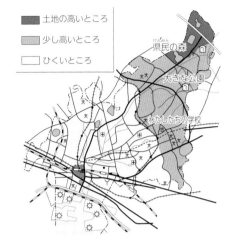

土地の高いところ
少し高いところ
ひくいところ

県民の森
大きな公園
わたしたちの学校

◎ 地図をみると、土地の高い所は北がわや(②)がわに広がっている。

◎ 土地のひくい所は、(③)がわや南がわの(④)ぞいに広がっている。

◎(④)ぞいには、工場が多くが集まっている。

◎ 工場が集まるところでは、人の力や機械を使って、原料をせい品につくりかえる(⑤)業がさかんである。

◎ 工場をたてるには、広くて平らな(⑥)がひつようなため、工場は(④)をうめ立てた場所に多い。

◎ 工場は、高速(⑦)や、港、空港などの近くにつくられていて、工場で使う原料や、工場でつくられたせい品などを(⑧)のに便利である。

①

②

③

④

⑤

⑥

⑦

⑧

土地の高さによって土地の使われ方がかわるね！

きほんの
ドリル
→3.

ステップ2
時間 15分
合かく 80点
/100
月　　日

サクッと
こたえ
あわせ
答え 65ページ

わたしたちのまちと市のようす③
市のようす②

1 右の地図を見て、次の問いに答えましょう。　　　　100点（1つ10点）

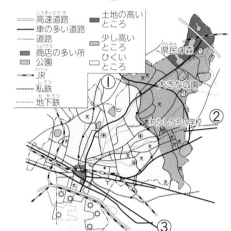

凡例：
高速道路
車の多い道路
道路
商店の多い所（しょうてん）
公園
JR（ジェイアール）
私鉄（してつ）
地下鉄
土地の高いところ
少し高いところ
ひくいところ
県民の森（けんみん）
大きな公園
わたしたちの学校

(1) 地図のようすについて、次の文にあてはまる言葉に◯をつけましょう。

・①の川は市の
　㋐{ 南西 ・ 北東 }のはずれから、㋑{ 南西 ・ 北東 }の海に流れこんでいる。
・②は市の北東で、土地は
　㋒{ 高く ・ ひくく }、緑の多い所である。
・③は市の南西で、土地は
　㋓{ 高く ・ ひくく }、海に面して
　㋔{ 工場 ・ 変電所（へんでんしょ） }が多い所である。

(2) 右の㋕の絵は、地図の①〜③のどの場所を表したものですか。①〜③からえらびましょう。　　　　　　（　　　　　）

(3) 次の文の①〜④にあてはまる言葉を、　　からえらびましょう。

　工場は、広く（① 　　　　　　　）な土地がひつようであるため、海ぞいの場所を（② 　　　　　　　）て、たてられる。（③ 　　　　　　　）が近く、多くの船が行き来し、原料や荷物を運んでいる。トラックでせい品を運ぶために、広い道路や（④ 　　　　　　　）も近くにある。

| 線路（せんろ）　 うで立て　 港　 高速道路（どうろ）　 平ら　 海　 飛行機（ひこうき） |

ポイント その土地がどのようなもくてきで使われているかは、その土地の高さやまわりのようすによって大きくかわってきます。

きほんのドリル
→4。

ステップ1

時間 15分

問／7問中

月　日

サクッと
こたえ
あわせ

答え 65ページ

わたしたちのまちと市のようす④
市のようす③

（　　）にあてはまる言葉を右の□に書きましょう。

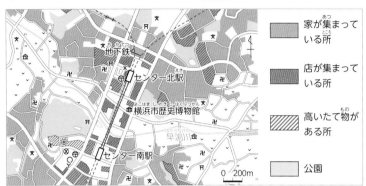

地図の凡例
家が集まっている所
店が集まっている所
高いたて物がある所
公園

◉ この地いきでは、（　①　）が集まっている所がもっとも多い。

◉ 駅の近くには、店や（　②　）たて物が集まっていて、駅の西がわには、田や（　③　）が広がっている。

◉ 人や物が行き来することを（　④　）といい、鉄道や道路が集まっているところは（④）の便がよく、（　⑤　）が多く集まる。

◉ 飛行機が発ちゃくする（　⑥　）❶や船がていはくする（　⑦　）から、外国や遠い地いきへ行くことができる。

↑❶

①	
②	
③	
④	
⑤	
⑥	
⑦	

交通の便がよいところには、人が多く集まるんだね！

 ステップ2

| 時間 15分 | 合かく 80点 | /100 |

| 月 | 日 |

サクッと こたえ あわせ

答え 65ページ

わたしたちのまちと市のようす④
市のようす③

1 次の問いに答えましょう。　　　　　　　　　　70点（1つ10点）

(1) 次の（　　）に共通してあてはまる言葉を書きましょう。

> 人や物が行き来することを（　　　　　　　）といい、鉄道や飛行機などのことを（　　　　　　　）きかんという。

（　　　　　　　　　　）

(2) 右の地図の □ にあてはまる言葉を書きましょう。

福岡（　　　　　　　）

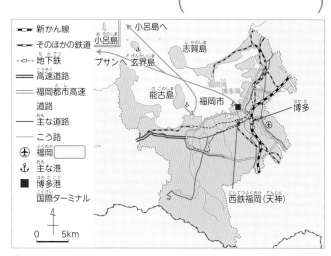

↑福岡市の地図

地図の凡例：
- 新かん線
- そのほかの鉄道
- 地下鉄
- 高速道路
- 福岡都市高速道路
- 主な道路
- こう路
- ⊕ 福岡 □
- ⚓ 主な港
- ■ 博多港国際ターミナル

0　5km

(3) 地図の説明として正しいものには○を、まちがっているものには×をつけましょう。

① 新かん線は、県の西がわを通っている。

② 能古島には、鉄道で行くことができる。

③ 高速道路は県の西がわにある県までつながっている。

④ 博多港は、外国とつながっている。

⑤ 博多には、新かん線と地下鉄の駅がある。

①（　　　）②（　　　）③（　　　）④（　　　）⑤（　　　）

2 右の①・②の地図記号が表しているものを、⑦～⓪からそれぞれえらびましょう。　　　　　　　　　　30点（1つ15点）

⑦ かじゅ園　　⑦ 畑
⑦ 老人ホーム　⑤ はくぶつ館

① 　②

①（　　　）②（　　　）

ポイント 道路や鉄道などが多く集まる交通の便がよい場所がわかれば、人が多く住んでいる場所や店が多くある場所もわかるので、地図を読み取るのに役に立ちます。

きほんの
ドリル
→5。

ステップ1

時間 15分

問／7問中

月　日

サクッと
こたえ
あわせ

答え 66ページ

わたしたちのまちと市のようす⑤
市のようす④

（　）にあてはまる言葉を右の▢に書きましょう。

◉市民のくらしにかかわるさまざまな仕事をしている所を（　①　）①といい、市民がおさめる（　②　）を使って仕事をしている。

↑❶

◉（①）は、私たちが通う（　③　）②や公民館、公園、図書館など、みんなのためにつくられたたてものや場所である（　④　）を管理している。

↑❷

◉市の昔のようすは、市内のお寺③や（　⑤　）④、城⑤など、古くからのこる（　⑥　）から知ることができる。

↑❸　　　↑❹　　　↑❺

◉古くからのこる（⑤）には、おみこしをかついだり、おどったりする行事である（　⑦　）やげいのうなどがつたえられている。

①
②
③
④
⑤
⑥
⑦

自分がくらす地いきにある公共しせつをさがしてみよう！

きほんの
ドリル
→5。
ステップ2

時間 15分
合かく 80点 /100
月 日

サクッと
こたえ
あわせ
答え 66ページ

わたしたちのまちと市のようす⑤
市のようす④

1 次の問いに答えましょう。　　　　　　　40点（1つ5点）

(1)　市民のくらしにかかわる仕事をしている所を何といいますか。また、その場所を表す地図記号を□に書きましょう。
（　　　　　　　　）

(2)　(1)が管理している、市民のためにつくられたたて物を何といいますか。
（　　　　　　　　　　）

(3)　次の地図記号が表すものを書きましょう。そのうち、(2)にあてはまるものには〇を、あてはまらないものには×をつけましょう。

地図記号	① Y	② 📖	③ 〒
表すもの	（　　　　）	（　　　　）	（　　　　）
(2)	（　　　）	（　　　）	（　　　）

2 古くからのこる①〜③のたて物について、地図記号のもとになった形とあてはまる地図記号を線でむすびましょう。　60点(1 つ20点)（完答）

①神社　・

②寺　・

③城あと　・

・あ あるものをつくるときに使った「なわばり」の形。・

・い あるしせつで見かける「まんじ」を表す形。・

・う 「鳥居」という門の形。・

・⑦ 开

・⑦ 凸

・⑦ 卍

ポイント　どんな場所にも長い歴史があります。その場所に古くからのこっているたて物について調べることで、昔の人たちのおもいや、ものごとのはじまり、理由などを知ることができます。

まとめのドリル 6.

わたしたちのまちと市のようす①～⑤

時間 20分　合かく 80点　/100

月　日

答え 66ページ

サクッとこたえあわせ

1 次の問いに答えましょう。　50点（1つ5点）

(1) 右の地図で、小学校とはくぶつ館があるのは、マンションの屋上からみて、どの方位ですか。それぞれ四方位で答えましょう。

小学校（　　　　　）

はくぶつ館（　　　　　）

(2) 次の文中の①・②にあてはまる言葉を書きましょう。

八方位は、四方位よりくわしく方位を表すことができる。たとえば、太陽が（①　　　　　）方向である西と、昼の12時に太陽がある方位の間は（②　　　　　）と表す。

(3) 次の地図記号が表しているものを、右の　　からえらびましょう。また、あとの文が説明している地図記号の番号を書きましょう。

市役所　はくぶつ館
畑　神社

①（　　　　　）　②（　　　　　）　③（　　　　　）

・市民が相談することができるまど口などがある。　（　　　）

(4) 地図をかくときに、地図記号を使うと、どのような点でべんりですか。次の㋐～㋓から２つえらびましょう。

（　　・　　）

㋐　絵や文字をかかずに表せる。　㋑　だれにでもわかりやすい。

㋒　たて物の大きさがわかる。　㋓　土地の高さがわかる。

うらのページにつづくよ！

2 右の地図を見て、次の問いに答えましょう。　　25点（1つ5点）

(1)　次の文のうち、右の地図から読み
とれることには○、読みとれないこ
とには×をつけましょう。

　①　吉備山がある地いきでは、工場
　　が多くみられる。　　（　　）

　②　海ぞいを南北にはしっている道
　　路と鉄道のあいだには、ゆうびん
　　局がある。　　（　　）

　③　別府駅の北には、べっぷアリー
　　ナがある。　　（　　）

　④　別府公園には、田や畑も広がっ
　　ている。　　（　　）

(2)　地図のなかの □ には、別府市で
有名な「温せん」を表す地図記号が入ります。「温せん」
の地図記号を書きましょう。

3 右の地図と写真を見て、次の問いに答えましょう。　　25点（1つ5点）

(1)　次の文中の（　　）にあてはまる言葉を書きましょう。

> 　地図のあの道路は、土地の
> （①　　　　　　　）ところ、
> いの道路は、土地の
> （②　　　　　　　）ところを走ってい
> る。いのあたりは鉄道も通っていて
> （③　　　　　　　）の便がよく、名物
> の温せんに
> （④　　　　　　　）で行く人たちでに
> ぎやかである。

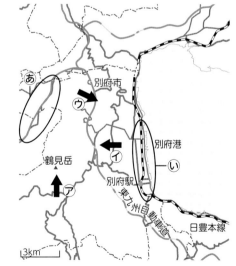

(2)　右の写真がさつえいされた方向を、地
図中のア〜ウからえらびましょう。

　　　　　　　　　　　　　　（　　　　）

サクッとこたえあわせ 答え 66ページ

はたらく人とわたしたちのくらし①
農家の仕事①
（のうか）（しごと）

（　）にあてはまる言葉を右の □ に書きましょう。

◉ 米や野菜などをつくることを仕事にしている人を（　①　）という。

◉ たいひとよばれる（　②　）をつくり、（　③　）とまぜる。トラクター❶などのきかいを使って、畑の（③）をたがやす。

↑❶

4月	5月	6月	7月	8月	9月	10月	11月	12月	1月	2月	3月

なえの世話❸　　しゅうかく❹　　たねをまく❷

↑ 野菜づくりのカレンダー

◉ 等しいかんかくをたもちながら、畑に（　④　）をまく❷。

◉ 水をやったり、虫がつかないように（　⑤　）をまいたりして、なえの（　⑥　）❸をする。

◉ 育った作物を手作業で（　⑦　）❹し、市場などへ出荷する。

◉ その地いきでとれたものを、その地いきの人が消費することを（　⑧　）という。

田や畑でつくられるものを作物といいます。

①	
②	
③	
④	
⑤	
⑥	
⑦	
⑧	

時間 15分 ｜ 合かく 80点 ｜ /100

月　日

サクッと
こたえ
あわせ

答え 66ページ

はたらく人とわたしたちのくらし①
農家の仕事①
（のうか）（しごと）

① 次の絵は、こまつなづくりのようすを表しています。これを見て、あとの問いに答えましょう。

60点（1つ10点、(2)は完答で20点）

(1) ①〜④は何をしている
ようすですか。⑦〜⊆か
らえらんで、□に書き
ましょう。

⑦　たねをまいている。

⑦　土をやわらかくして
いる。

⑦　水をやっている。

⊆　しゅうかくしている。

(2) ①〜④の絵を、作業のじゅん番になるようにならべましょう。

（　　　→　　　→　　　→　　　）

② 右のグラフを見て、次の問いに答えましょう。

40点（1つ10点）

(1) ぼうグラフの①たてじくと②横じく
がしめしているものを、それぞれ
からえらびましょう。

①（　　　　　）
②（　　　　　）

人数　　　しゅるい
りょう　　おもさ

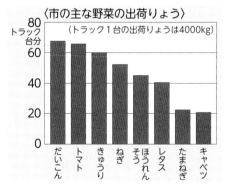

〈市の主な野菜の出荷りょう〉
（トラック1台の出荷りょうは4000kg）

(2) 出荷りょうがいちばん多い野菜は何ですか。

（　　　　　）

(3) きゅうりの出荷りょうは、トラック何台分ですか。

（　　　　　）台分

ポイント　グラフを読みとるときは、グラフのタイトル、たてじくと横じくのこうもく、たんいをたしかめましょう。

きほんの
ドリル
> 8

ステップ1

時間 15分

問 / 6問中

月　日

サクッと
こたえ
あわせ

答え 66ページ

はたらく人とわたしたちのくらし②
農家の仕事②

(　)にあてはまる言葉を右の□に書きましょう。

◉ 野菜のしゅうかくは、野菜がいたまないように(①)作業❶でていねいにおこなわれる。

⬆❶でのしゅうかく

◉ 冬でもあたたかい(②)という温室を使って、しゅうかくの時期を調整することもある。

◉ しゅうかくした野菜を箱づめするときは、(③)がないかをかくにんする。

◉ 箱づめされた野菜は、おろし売り(④)とよばれる、農家から作物を仕入れて、店に売るところ❷へ運ばれる。

⬆❷

◉ 作物は(④)から、スーパーマーケットなどの店や、日本だけではなく(⑤)にも送られる。

◉ 農家がつくった作物を、(④)を通さずに、直せつ買うことができる場所を(⑥)という。

①
②
③
④
⑤
⑥

作物の中でも、その地いきでつくられていることがよく知られているものは、特産物とよばれることもあるよ。

きほんの
ドリル
8
 ステップ2

時間 15分 | 合かく 80点 | /100
月　　日
サクッと
こたえ
あわせ

答え 66ページ

はたらく人とわたしたちのくらし②
農家の仕事②
のうか　しごと

1 次の農家の人の話を読んで、①～④にあてはまる言葉を、あとの
からそれぞれえらびましょう。　　　　　　　40点（1つ10点）

畑（はたけ）をたがやしたり、たねをまいたりするときは（①　　　　　　）を使います
が、しゅうかくするときは、野菜がいたまないように（②　　　　　）作
業でおこないます。出荷前には、きずがないか、大きさや（③　　　　　）
はそろっているかなど、けんさをします。しゅうかくした野菜は、箱づめをし
て（④　　　　　）でおろし売り市場などへ運ばれます。

手　　きかい　　形　　トラック　　ねだん

2 次の①～③の絵にあてはまるしせつの名前と説明を、⑦～㋕からそれ
ぞれえらびましょう。　　　　　　　　　　60点（1つ10点）

① 　② 　③

名前（　　　　）　　（　　　　）　　（　　　　）
説明（　　　　）　　（　　　　）　　（　　　　）

⑦　スーパーマーケット　　④　直売所（ちょくばいじょ）　　㋒　おろし売り市場
㋓　国内や外国から、野菜を仕入れて売るところ。
㋔　農家でつくられた作物（さくもつ）を店に売るところ。
㋕　農家がつくった作物を、市場を通さずに直せつ買うことができると
　　ころ。

 ポイント　わたしたちのもとに野菜がとどけられるまでの流れや、野菜が売られている場所についてかくにんしましょう。

きほんの
ドリル
ステップ1
時間15分
問／8問中
月　日

サクッと
こたえ
あわせ
答え 67ページ

はたらく人とわたしたちのくらし③
工場の仕事①

( )にあてはまる言葉を右の□に書きましょう。

◉ きかいなどを使って、ものをつくったり、加工したりするところを(①)という。

◉ かまぼこの(②)は、魚のすり身でアメリカや中国などの(③)から仕入れている。

⬆魚をすり身にするようす

◉ すり身に調味料などで(④)をつけてねりあげ、きかいで(⑤)をととのえる。❶

❶→

◉ かまぼこの(⑤)になったものを、やいたり、むしたりして(⑥)をくわえる。❷

❷→

◉ かまぼこをひやし、問題がないかなど、けんさをして、せんようのパッケージに(⑦)する。

◉ (⑦)されたかまぼこを箱につめて、トラックで(⑧)する。

①	
②	
③	
④	
⑤	
⑥	
⑦	
⑧	

食品のふくろをよく見ると、「原材料」のところに、どんなものを使ってつくられているかが書かれているよ。

きほんの
ドリル
> 9。
ステップ2

時間 15分　合かく 80点 ／100
月　日
サクッと こたえあわせ
答え 67ページ

はたらく人とわたしたちのくらし③
工場の仕事①

① 工場見学のしかたについて説明した文のうち、正しいものには○を、まちがっているものには×をつけましょう。　30点（1つ10点）

①（　　　）できるだけくわしい言葉や絵でメモをする。

②（　　　）写真をとるときには、かならず工場の人にきょかをもらう。

③（　　　）聞きたいことなどは、前もって整理しておく。

② 次の問いに答えましょう。　70点（1つ10点）

(1) ものをつくるときの、もととなる材料のことを何といいますか。

（　　　　　　　　　　　　）

(2) 次の①～③の食品について、それぞれの(1)にあてはまるものを⑦～⑰からえらびましょう。

①しょうゆ（　　　　　　）　　②しゅうまい（　　　　　　）

③クッキー（　　　　　　）

⑦　だいず・こむぎ・しお　　⑦　こむぎこ・さとう・たまご・バター

⑰　肉・野菜・こむぎこ

(3) 次の⑦～⑰をかまぼこ作りの作業の流れになるように、①～③に記号を書きましょう。

⑦　ほうそうする　　⑦　形をととのえる　　⑰　魚をすり身にする

（①　　　　　　）→ (1)がとどく → 味つけをする →（②　　　　　　）
→ ねつをくわえる → ひやす・けんさする →（③　　　　　　）→ 出荷する

 工場での作業は、きかいを使うだけでなく、人の手でおこなうものもあります。

きほんの
ドリル
10
 ステップ1
時間 15分
問 ／ 8問中
月 日

サクッと
こたえ
あわせ
答え 67ページ

はたらく人とわたしたちのくらし④
工場の仕事②

（　）にあてはまる言葉を右の□に書きましょう。

◉ 食品工場ではたらく人は、（　①　）が目立つように
（　②　）い色の服を着る。

◉ 工場に入る前には、（　③　）
をていねいにあらい、しょう
どくをする❶。

↑❶

◉ かべのあなから出る強い
（　④　）❷で、服についたかみ
の毛やほこりをとりのぞく。

↑❷

◉ 工場には、せい品をつくる人のほかに、じむ室でお
客さんからの（　⑤　）を受ける仕事をする人や、せ
い品を（　⑥　）につんで運ぶ仕事をする人もいる。

◉ つくられたせい品は、スーパーマーケットなどの
（　⑦　）に運ばれて、はん売される。

◉ 工場は、原料やせい品を運びやすくするために、高
速（　⑧　）や港の近くにあることが多い。

①
②
③
④
⑤
⑥
⑦
⑧

原料やせい品を遠い地いきへ運ぶときは、船や飛行機なども使うよ。

19

きほんのドリル 10

ステップ②

時間 15分　合かく 80点 ／100　　月　日

サクッと
こたえ
あわせ

答え 67ページ

はたらく人とわたしたちのくらし④
工場の仕事②

1 次の問いに答えましょう。　　　　　　　　　　60点（1つ15点）

(1) おかし工場について、正しい説明には○を、まちがっている説明には×をつけましょう。

> 【原料】日本や外国のさまざまな地いきから仕入れる。
> 【せい品（できあがったおかし）】市内だけでなく、まわりの市や県の店にも運ばれる。インターネットなどで注文を受け、たくはいびんで送ることもある。
> 【その他】工場は道路ぞいにあるので、原料やせい品をトラックで運びやすい。

①せい品は、他の県の店にも運ばれる。

②おかしは、国内の原料だけを使ってつくっている。

③工場でできたせい品は、店でしか買えない。

①（　　　）　②（　　　）　③（　　　）

(2) おかしの原料を運ぶときに使うと考えられるのりものとして、まちがっているものを、次の⑦〜⑨からえらびましょう。　（　　　）

⑦　船　　⑦　飛行機　　⑨　バス

2 次の問いに答えましょう。　　　　　　　　　　40点（1つ10点）

(1) 食品をつくる工場ではたらく人のようすとして正しいものを、次から3つえらびましょう。　　　（　・　・　）

⑦　新しいせい品の研究や開発をおこなっている。

⑦　原料の仕入れからせい品のかんせいまで、ひとりの人が作業する。

⑨　はたらく人の体調は毎日かくにんする。

⑨　すきな服を着て、ぼうしをかぶり作業する。

⑦　工場の中では、マスクをつけて作業する。

(2) 病気をふせいで、身のまわりをきれいにすることを何といいますか。

（　　　　　　　　　　）

> **ポイント** わたしたちが食べている食品に使われている原料の産地を調べることで、その食べ物を通して、日本がどんな国とつながりがあるのかがわかります。

20

時間 **20**分 ｜ 合かく **80**点 ｜ /100 ｜ 月 日

わたしたちのまちと市のようす①〜⑤
はたらく人とわたしたちのくらし①〜④

答え **67**ページ

サクッと
こたえ
あわせ

⭐1 右の図は、昼の12時にできたかげのようすをあらわしたものです。
①〜④に入る方位をそれぞれ答えましょう。
20点（1つ5点）

①（　　　　　　　　）
②（　　　　　　　　）
③（　　　　　　　　）
④（　　　　　　　　）

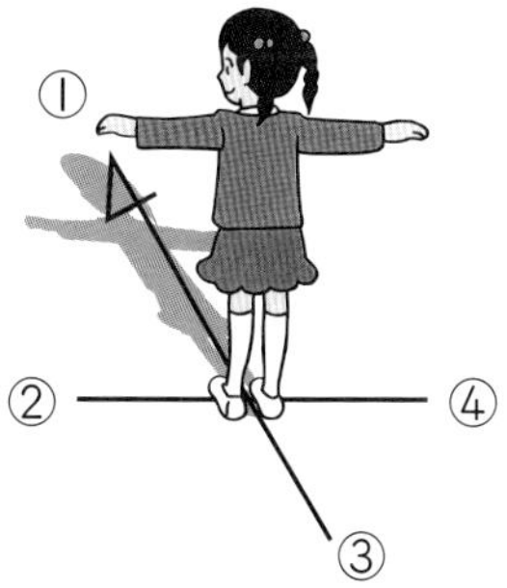

⭐2 次の広島市の地図を見て、答えましょう。

30点（1つ5点）

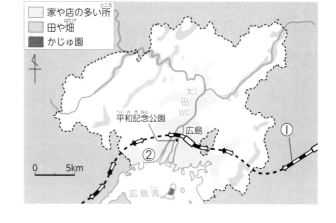

凡例：
□ 家や店の多い所
▨ 田や畑
▩ かじゅ園

太田川
平和記念公園
広島
広島湾
0　5km

(1) 平和記念公園のまわりに
は、何がありますか。次の
⑦〜⑨から正しいものを
2つえらびましょう。
（　　　・　　　）

⑦田や畑　　⑦家や店
⑨かじゅ園　⑪川

(2) ①は何をしめしています
か。（　　　　　　　）

(3) 太田川は、どの方向に流れていますか。次の⑦、⑦のうち正しいもの
をえらびましょう。　　　　　　　　　　　　　　　　（　　　　　）

⑦　東から西　　⑦　北から南

(4) ②のような海に近いところでさかんな、きかいなどを使って、原料を
せい品につくりかえることを何といいますか。

（　　　　　　　　　　　）

(5) (4)の作業をおこなう場所を表す地図記号を書きましょう。

⬇ うらのページにつづくよ！ **21**

3 次の問いに答えましょう。　　　　　　　　　　　30点（1つ5点）

(1) 次の絵と説明は、野菜づくりのくふうを表しています。それぞれの説明の①～⑤にあてはまる言葉を、⑦～⊕からえらびましょう。

（①）とよばれるひりょうと土をまぜて、畑の土をたがやすことで、おいしい野菜ができる。

何回かに分けて（②）をまくことで、育つ（③）がずれるので、つづけてしゅうかくできる。

畑にシートをかけることで、土が（④）なって、野菜が早く育つ。（⑤）をふせぐ役わりもある。

⑦　たね　　　　　⑦　たいひ　　　⑦　時期　　　⊕　つめたく
⑦　あたたかく　　⑦　害虫　　　　⊕　水

①（　　　　）②（　　　　）③（　　　　）④（　　　　）⑤（　　　　）

(2) 野菜などを育てるときに使う、右の写真のような温室を何といいますか。

（　　　　　　　　　　　）

4 次の①～④の言葉と、⑦～⊕の説明の組み合わせが正しくなるように線でむすびましょう。
　　　　　　　　　　　　　　　　　　　　　　　　　　20点（1つ5点）

①おろし売り市場　●

②原料　●

③地産地消　●

④えいせい　●

⑦地いきでつくられたものを、その地いきで消費すること。

⑦病気をふせいで、身のまわりをきれいにすること。

⑦野菜や魚などを仕入れて、店に売るところ。

⊕あるものをつくるときに、そのもとになる材料のこと。

きほんの
ドリル
12.

ステップ1

時間 15分

問 / 8問中

月 日

サクッと
こたえ
あわせ

答え 67ページ

はたらく人とわたしたちのくらし⑤
店ではたらく人①

( )にあてはまる言葉を右の□に書きましょう。

◉ 買い物に行く店には、スーパーマーケットや八百屋、肉屋、朝早くから夜おそくまで開いている(①)など、さまざまな店がある。

◉ 買い物調べをするときは、買い物に行った店の(②)と、行った人の(③)を表にまとめる。

調べた日
8月10日（土）

店	人数		店	人数	
肉屋さん	正	4	魚屋さん	下	3
八百屋さん	正下	8	コンビニエンスストア	丁	2
スーパーマーケット	正正	10	その他	正	5

家の人が買い物に行った店

◉ グラフをつくるときは、行った人の(③)が多い順に、(④)から店の(②)を書く。

調べた日
8月10日（土）

（人）家の人が買い物に行った店

スーパーマーケット / 八百屋さん / 肉屋さん / 魚屋さん / コンビニエンスストア / その他

◉ いちばん多く買い物に行った店は(⑤)で、次に多く買い物に行った店は(⑥)だとわかる。

◉ (⑤)は、ちゅう車場が広いので(⑦)で行くことができ、いろいろな品物を一度に買える。

◉ (⑥)や肉屋など、いろいろな店が集まったところや通りを(⑧)という。

八百屋とは、野菜やくだものをはん売するお店です。農家から直せつ作物を仕入れることが多いです。

①
②
③
④
⑤
⑥
⑦
⑧

はたらく人とわたしたちのくらし⑤
店ではたらく人①

1 よく買い物に行く店についてまとめた表とグラフを見て、問いに答えましょう。

50点（1つ10点、⑶は完答で10点）

家の人が買い物に行った店　調べた日 9月7日（土）

店	人数	
肉屋さん	正	5
八百屋さん	（㋐）	7
スーパーマーケット	正下	（㋑）
魚屋さん	（㋒）	3
コンビニエンスストア	下	2
その他	正一	6

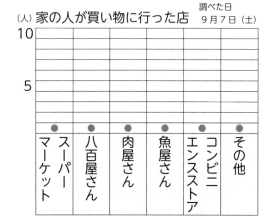

(人) 家の人が買い物に行った店　調べた日 9月7日（土）

(1) 上の表の㋐～㋒にあてはまる「正の字」や、数字を書きましょう。

㋐（　　　　　）　㋑（　　　　　）　㋒（　　　　　）

(2) いちばん多く買い物に行った店はどこですか。

（　　　　　　　　　　）

(3) 左の表をもとに、右のグラフをかんせいさせましょう。

2 スーパーマーケットの見学について説明した文のうち、正しいものには○を、まちがっているものには×をつけましょう。　50点（1つ10点）

①（　　）いろいろな人に話を聞くため、売り場がこんでいて、いちばんいそがしいときに見学に行く。

②（　　）売り場にならんでいる品物は、さわってたしかめてみる。

③（　　）売り場を歩いて、品物のしゅるいや売り方をかんさつする。

④（　　）見学してわかったことをメモに書きこむ。

⑤（　　）話を聞くときはあいさつをして、終わったらお礼を言う。

ポイント　ぼうグラフは、多いものから順にならべます。「その他」は少ないものをいくつか集めた数なので、さいごに書きます。

きほんのドリル
13. ステップ①

時間 15分
問 ／ 7問中

月　日

サクッと
こたえ
あわせ

答え 67ページ

はたらく人とわたしたちのくらし⑥
店ではたらく人②

(○)にあてはまる言葉を右の □ に書きましょう。

◉ スーパーマーケットの売り場には、(①)がついている。🄵

◉ 売場や(②)が広く、ショッピングカートや(③)を動かしやすい。🄶

◉ 品物は、肉や魚などのように(④)ごとにならべて売られている。

◉ (⑤)売り場には、いろいろな大きさに切られた(⑤)が売られている。🄷

◉ 品物がわりびきされて(⑥)く売られている、お買いどく品のコーナーがある。

◉ 広い(⑦)がある🄴ので、自動車で来る人も多い。

↑🄵

↑🄶

↑🄷

↑🄴

①

②

③

④

⑤

⑥

⑦

スーパーマーケットでは、いろいろなところで品物を売るためのくふうがされているね。

きほんの
ドリル
13.

ステップ2

時間 15分
合かく 80点 /100

月 日

サクッと
こたえ
あわせ

答え 68ページ

はたらく人とわたしたちのくらし⑥
店ではたらく人②

1 次の①〜④のようすにあてはまるものを、スーパーマーケットの売り場の⑦〜⑦からそれぞれ選びましょう。　　60点（1つ15点）

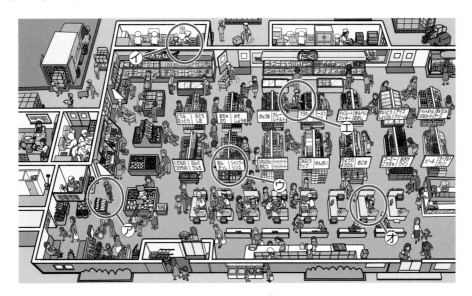

①（　　　　）お店の人が売り場で品物をならべている。
②（　　　　）売場の外ではたらいている人がいる。
③（　　　　）売場にはしゅるいごとに大きなかん板がついている。
④（　　　　）品物を会計するためのレジがならんでいる。

2 スーパーマーケットのくふうとして、正しいものには○を、まちがっているものには×をつけましょう。　　40点（1つ10点）

①（　　　　）品物はしゅるいごとにならべられ、まとめて売られている。
②（　　　　）品物をたくさんならべるために、通路はせまくなっている。
③（　　　　）お買いどく品コーナーをもうけて、品物をとくべつに安く売っている。
④（　　　　）野菜は、きずをつけないようにするため、まるごと売られていて、小分けでは売られていない。

 スーパーマーケットの売り場は、さまざまな仕事をする人たちが協力して、お客さんが買い物しやすいようにくふうしています。

きほんの
ドリル
14。
ステップ1
時間 15分
問／8問中
月　日
サクッと
こたえ
あわせ
答え 68ページ

はたらく人とわたしたちのくらし⑦
店ではたらく人③

（　）にあてはまる言葉を右の□に書きましょう。

● お客さんが（　①　）なりょうだけ買えるように、野菜や魚をいろいろな大きさに切って売場に出す。

● おそうざいは、決められた（　②　）にできたてを出せるようにつくっている。

⬆おそうざいをつくる人

● （②）がたったおそうざいは、（　③　）を下げて、売り切るようにしている。

● 品物を（　④　）ときは、買う人の正面に向け、見やすいやすいようにしている。

⬆野菜を（④）人

● 新せんでおいしい、（　⑤　）のよい品物をならべるように気をつけている。

● （　⑥　）を使って、品物の売れぐあいを調べ、（　⑦　）する数を決めたり、ねふだをつくったりする。

● 野菜や肉などがつくられた場所のことを（　⑧　）といい、国内や外国から運ばれてくる。

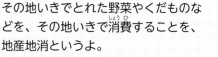
その地いきでとれた野菜やくだものなどを、その地いきで消費することを、地産地消というよ。

①	
②	
③	
④	
⑤	
⑥	
⑦	
⑧	

きほんの
ドリル
14。
ステップ2
⏱時間 15分
合かく 80点 ／100
月　　日

サクッと
こたえ
あわせ
答え 68ページ

はたらく人とわたしたちのくらし⑦
店ではたらく人③

❶ ①〜④の買い物をする人のねがいに合わせたくふうを、㋐〜㋓からそれぞれえらび線でむすびましょう。　　　　60点（1つ15点）

①品物をもっと見やすくしてほしい。　●

②品切れがないようにしてほしい。　●

③家族でひつような分だけ、品物がほしい。　●

④調理に手間がかからない品物がほしい。　●

●㋐品物が売れたりょうをコンピューターでたしかめ、注文する。

●㋑ねだんの数字を大きくし、買う人の正面に向くように品物をおく。

●㋒1日に何回かに分けて、できたてのおそうざいをつくる。

●㋓いろいろな大きさに品物を切り分ける。

❷ 次の問いに答えましょう。　　　　40点（1つ10点）

(1)　品物がつくられた場所のことを何といいますか。
（　　　　　　　）

(2)　売るための品物や、ものをつくるための原料を買い入れることを何といいますか。
（　　　　　　　）

(3)　次の①・②の文にあてはまる正しい言葉をえらび、◯をつけましょう。

①おいしく食べることができる期間は{ 賞味 ・ 消費 }期限という。
②安全に食べることができる期間は{ 賞味 ・ 消費 }期限という。

ポイント　スーパーマーケットは、お客さんの意見をうけいれて、お店で生かすために、意見箱をせっちしたりホームページで意見をぼしゅうしたりしています。

きほんの
ドリル
15。

ステップ 1

時間 15分

問／7問中

月　　日

サクッと
こたえ
あわせ

答え 68ページ

はたらく人とわたしたちのくらし⑧
店ではたらく人④

（　　）にあてはまる言葉を右の □ に書きましょう。

● 買い物をする（　①　）の意見を取り入れるため、
「ご意見ボード」がせっちされている。

● （　②　）のかし出しや手つだ
いがひつような（①）には、お店
の人が買い物の手つだいをす
る。❶

↑❶

● （　③　）コーナー❷をせっ
ちし、（　④　）をへらす取
り組みをおこなっている。

↑❷

● しょうがいのある人やお年
寄りなどがつかうちゅう車場は、お店の（　⑤　）の
近くにある。

● おすすめの商品などをせんでんするために（　⑥　）
をつくり、遠くから来る（①）もいるため、広いはん
いにくばっている。

● スーパーマーケットは、品物を売るだけでなく、地いきの人々の役に立つ
地いき（　⑦　）もしている。

①
②
③
④
⑤
⑥
⑦

スーパーマーケットではお客さんのねがいをかなえるくふうがされているよ。

きほんの
ドリル
15。

 ステップ②

⏱時間15分 | 合かく80点 | /100

月　　日

サクッと
こたえ
あわせ
答え 68ページ

はたらく人とわたしたちのくらし⑧
店ではたらく人④

❶ スーパーマーケットの店長の話の①～④にあてはまる言葉を、あとの
からそれぞれえらびましょう。

60点（1つ15点）

> わたしたちは、新せんなだけでなく、（①　　　　　　　　）のよいものを、お
> 客さんにとどけられるようにしています。安心して買い物ができるよう
> （②　　　　　　　）を大きくひょうじしています。
>
> 　また、（③　　　　　　　）のある人もりようしやすいように、店の人が買い
> 物を手つだったり、広いちゅう車場をせいびしたりなど、地いきの人々に役立
> つ地いき（④　　　　　　　）をたいせつにしています。

しょうがい　　こうけん　　消費期限　　ねだん　　品しつ

❷ 次の問いに答えましょう。

40点（1つ10点）

(1) スーパーマーケットのほかにもさまざまな店があります。次の①～③
を説明した文を、㋐～㋒からえらび、線でむすびましょう。

① 　　② 　　③

・　　　　　　　　　　・　　　　　　　　　　・

・　　　　　　　　　　・　　　　　　　　　　・

㋐いろいろな店が集
まっている。協力して、
お客さんをよぶくふう
をしている。

㋑朝早くから夜おそく
まで開いていて、品物
のしゅるいも多いので
べんりである。

㋒トラックで日用品や
食品を運び、はん売す
る。家の近くでひつよ
うなものを買える。

(2) 一度使ったものを、しげんとしてもう一度使えるようにすることを、
カタカナで何といいますか。　　　　　　　　（　　　　　　　　　）

 ポイント　お店のしゅるいによって、お客さんの求めることがちがうので、売り場のくふうもちがいま
す。それぞれのお店の特ちょうをおさえておきましょう。

まとめの
ドリル
16.

はたらく人とわたしたちの くらし①〜⑧

1 キャベツのさいばいやしゅうかく、特ちょうについて説明した次の文の①〜④に入る言葉を、右の㋐〜㋑からえらびましょう。20点（1つ5点）

> キャベツのさいばいは
> （　①　）場所がてきし
> ている。

> キャベツは一つずつ
> （　②　）でしゅうかく
> する。

> キャベツは出荷場で
> （　③　）を受ける。

> キャベツが（　④　）の
> 時期は、年に3回ある。

㋐　手
㋑　すずしい
㋒　あたたかい
㋓　きかい
㋔　品質けんさ
㋕　しゅん

①（　　　　　）　②（　　　　　）　③（　　　　　）　④（　　　　　）

2 次の問いに答えましょう。　　　　30点（1つ6点）

(1)　工場ではたらく人が、右のようなかっこうをしている理由としてまちがっているものを、次の㋐〜㋒からえらびましょう。　　　　（　　　　　）

　㋐　せい品にかみの毛が入らないようにするため。
　㋑　よごれがすぐにわかるようにするため。
　㋒　けんこうなからだをたもつため。

(2)　次の文の①〜③にあてはまる言葉を、　　からえらびましょう。

> 工場は（①　　　　　　　　　）の近くに多い。工場でつくられたせい品を
> （②　　　　　　　　　）を使って、（③　　　　　　　　　）先に運ぶためである。

トラック　　飛行機　　高速道路　　出荷　　鉄道

(3)　あるものをつくるもととなる材料のことを何といいますか。

（　　　　　　　　　　　）

⤵ うらのページにつづくよ！　　**31**

3 次の問いに答えましょう。　　　　　　　　　　　25点（1つ5点）

(1) 次の文は、スーパーマーケット新聞の記事です。それぞれの記事にあう絵を、⑦〜①からえらびましょう。

①(　　　　　)売り場には、品物の名前が書かれたかん板が下がっていて、目てきの売り場にすぐ行くことができます。

②(　　　　　)売られている品物の中には、外国からとどいた品物もあります。

③(　　　　　)肉売り場にやき肉のたれをおくのは、やき肉をするために肉を買うお客さんが、たれを買いわすれないように、おく場所をくふうしているためです。

⑦ 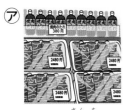　　⑦ 　　⑦ 　　①

(2) 品物の産地がわかるものとしてまちがっているものを、次の⑦〜⑦からえらびましょう。　　　　　　　　　　　　　　　　　(　　　　　)

　⑦　ねふだ　　　　　　　　　⑦　パッケージのシール

　⑦　品物を運ぶトラック

(3) 外国には、それぞれその国をあらわすめじるしとなる旗があります。その旗を何といいますか。　　　　　　　　(　　　　　　　　　)

4 次の①〜⑤で説明した店のしゅるいとして正しいものを、あとの⑦〜⑦からそれぞれえらびましょう。
　　　　　　　　　　　　　　　　　　　　　　　25点（1つ5点）

① 大きなちゅう車場があり、車で家族そろってくる人たちも多い。

② 朝早くから夜おそくまであいていて、急な買い物にべんりである。

③ せんもんにしている商品のしゅるいがたくさんそろっている。

④ 時間があるときにいつでも注文でき、品物を家までとどけてくれる。

⑤ いろいろなお店が集まって、立ちならんでいる。

①(　　　　)　　②(　　　　)　　③(　　　　)
④(　　　　)　　⑤(　　　　)

⑦　ショッピングセンター　　⑦　通しんはん売　　⑦　商店がい

①　コンビニエンスストア　　⑦　大型せんもん店

きほんの
ドリル
17.

ステップ1

時間 15分

問／7問中

月　　日

サクッと
こたえ
あわせ

答え 68ページ

安全なくらしを守る①
火事からくらしを守る①

（　　　）にあてはまる言葉を右の□に書きましょう。

◉火事が起きたら、消防しょから火事を消すための車である（　①　）が出動する。

◉そのほかにも、けがをした人を病院へ運ぶための車である（　②　）や、けいさつしょの人が（　③　）に乗って現場にかけつける。

◉（①）で出動し、消火にあたる人を（　④　）という。

◉火事が起きたときは、消防しょのほかにも、けいさつしょ、病院、電力会社などが（　⑤　）して、安全にはやく、消火や救助ができるようにする。

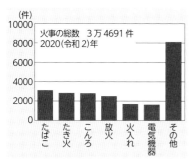

↑火事の原因
（令和3年度版　消防白書）

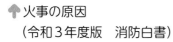

↑たて物の火事の火元
（令和3年度版　消防白書）

◉火事の原因でもっとも多いのは（　⑥　）で、たて物で起きた火事の火元で、もっとも多いのは、（　⑦　）である。

①
②
③
④
⑤
⑥
⑦

火事の原因はいろいろありますね。
自分たちでふせげるものを考えてみましょう。

きほんの ドリル 17。 ステップ② 時間 15分 合かく 80点 ／100 月 日

安全なくらしを守る①
火事からくらしを守る①

サクッと こたえ あわせ
答え 68ページ

① 次の①～③の文にあてはまる言葉をえらび、◯をつけましょう。

40点（1つ10点）

火事が起きたとき、①{ 消防士 ・ 市役所の人 }がすぐに
②{ 救急車 ・ 消防自動車 }に乗って出動し、消火活動をおこないます。
そのほかにも、けいさつしょや病院、③{ 学校 ・ 電力会社 }などが消火
や④{ 救助 ・ 調査 }のため、協力しています。

② 次の問いに答えましょう。

60点（1つ10点）

(1) 右の地図を見て、正しいものには◯を、まちがっているものには×を
つけましょう。

① 消防しょは松江市の南のほうに
は1つもない。

② 消防しょは、すぐに消火活動に
行けるように、ちらばっている。

③ 中心となる消防しょはない。

①（　　　）　②（　　　）　③（　　　）

↑松江市の消防しょの場所

(2) 右のグラフを見て、次の問いに答えましょう。

①たき火は、火事の原因で何番目に多い
ですか。　　　　　（　　　　　）番目

②グラフから読み取れるものを、⑦～⑤
から2つえらびましょう。

（　　　・　　　）

⑦ 火事でけがをした人はいない。

⑦ 火入れの件数は、1684件である。

⑦ どの原因も3000件よりも多く起きている。

⑤ 火事の原因として3番目までにこんろが入る。

↑火事の原因
（令和3年度版　消防白書）

ポイント 消防しょは、火事がどこでおきてもすぐにかけつけ、できるだけ早く消火活動ができるよう
に、各地につくられています。

きほんの
ドリル
18。

ステップ1

 時間 15分

問 ／ 8問中

月　日

サクッと
こたえ
あわせ

答え 69ページ

安全なくらしを守る②
火事からくらしを守る②

（　　　）にあてはまる言葉や数字を右の□に書きましょう。

◉ 火事が起きたときに、消火にあたる消防士が着る服を（　①　）とよび、（　②　）にくい、ねつに強い生地でできている。

↑（①）

◉ 消防士は、（　③　）番を受けたら早く現場にかけつけ、安全に消火活動ができるよう、ふだんから消火や救助の（　④　）をおこなっている。

◉ 消防士は、夜に火事が起きても出動できるよう、当番の日は（　⑤　）時間はたらく。

〔一ぱん〕	1日目 8:30	2日目 8:30	3日目 8:30	4日目 8:30	5日目 8:30	6日目 8:30	7日目 8:30
山田さん	休み	休み	当番	非番	当番	非番	当番
三田さん	当番	非番	休み	休み	当番	非番	当番
井戸さん	当番	非番	当番	非番	休み	休み	当番

◉ ひつようなときに使うことができるよう、消火せんや消防自動車の（　⑥　）を行っている。

◉ 消防自動車には、高いたて物が火事になったときに使う（　⑦　）や、消火に使うたくさんの（　⑧　）をつむタンクなどの器具がつまれている。

↑（⑦）車

①
②
③
④
⑤
⑥
⑦
⑧

消防士の人がせおっているボンベは、やく10kg、防火服もやく10kgあるそうだよ。

きほんの
ドリル
18。
ステップ2
時間 15分
合かく 80点
/100
月　　　日

サクッと
こたえ
あわせ
答え 69ページ

安全なくらしを守る②
火事からくらしを守る②

1 次の問いに答えましょう。　　　　　　　　　　100点（1つ10点）

(1) 次の①〜③の消防士の行動は、何のためにおこなわれていますか。
⑦〜⑤からそれぞれえらびましょう。

① 消防士はふだんから訓練をしている。　　　　　　（　　　　）
② 消防士は当番の日は、24時間はたらく。　　　　（　　　　）
③ 消防士が使う器具をきちんと点けんする。　　　　（　　　　）

⑦ ひつようなときに、きちんと使うことができるようにするため。

⑦ 消火活動にあたる人を、たくさんかくほするため。

⑦ 夜に火事が起きてもすぐに出動することができるようにするため。

⑤ はやく、安全に消火・救助活動をできるようにするため。

(2) 消防士の着る服について、正しいものに〇を、まちがっているものに
は×をつけましょう。

①（　　　）足はすずしくするためにサンダルをはく。
②（　　　）ヘルメットは頭だけでなく首や耳も守る。
③（　　　）消防士が消火にあたるときのそうびはできるだけ軽くしてい
　　　　　　る。
④（　　　）防火服はねつに強く、じょうぶな生地でできている。

(3) 消防自動車について、文中の①〜③にあてはまる言葉を書きましょう。

消防自動車が通るときは、遠くからでもわかるよう
（①　　　　　　　　　）を鳴らし、赤色とうをつける。消
防自動車は、水をだす（②　　　　　　　　）や、高いと
ころの人を救助するときに使う（③　　　　　　　　　）な
どいろいろな器具がたくさんつまれている。タンク車
や化学車など、いろいろな種類の消防自動車がある。

サイレン　　ホース　　はしご　　ボンベ

 消防士は消火活動や人の救助をすばやく安全におこなえるようにいつも訓練しています。

きほんの
ドリル
19。
 ステップ 1

時間 15分

問 ／ 8問中

月　　日

サクッと
こたえ
あわせ

答え 69ページ

安全なくらしを守る③
火事からくらしを守る③

(　)にあてはまる言葉を右の□に書きましょう。

◉ 119番の電話は(①)につながっている。(①)は、現場にもっとも近い消防しょにれんらくをし、(②)車や救急車を出動させる。

● 火事が起こったときに(①)がれんらくするところ
・(③)…交通整理のおねがいをする。
・(④)…けがした人を受け入れてもらう。
・(⑤)…火事の起こった場所の水圧をあげてもらう。
・(⑥)…現場のガスをとめてもらう。
・(⑦)…現場の電気をとめてもらう。

◉ れんらくを受けた消防士は、すぐに(⑧)にきがえ、やく1分で出動する。

出動指令を聞く
↓
指令書を受けとる
↓
防火服を着る
↓
場所をかくにんする
↓
消防自動車で出動

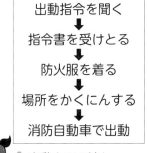 ↑出動までの流れ

とても大きな火事が発生した場合は、他の市や町の消防しょにもおうえんをたのむこともあるよ。

①
②
③
④
⑤
⑥
⑦
⑧

安全なくらしを守る③
火事からくらしを守る③

1 次の問いに答えましょう。　　　　　　　　　　　100点（1つ10点）

(1) 消防本部で119番の電話を受ける、図の中の**あ**を何といいますか。

（　　　　　　　　　　）

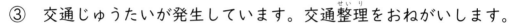

(2) 119番のれんらくを受けた**あ**が、次のれんらくをするところを、図の中の**㋐**〜**㋕**からえらびましょう。

① 火事の現場の電線が切れています。

② けが人がいます。手あてをして病院に運んでください。

③ 交通じゅうたいが発生しています。交通整理をおねがいします。

④ 運ばれてくるけが人の受け入れじゅんびをおねがいします。

⑤ 出火した現場への出動をおねがいします。

①（　　　　） ②（　　　　） ③（　　　　）
④（　　　　） ⑤（　　　　）

(3) 火事の現場に出動するときの消防士のようすについて、次の**㋐**〜**㋒**から正しいものを1つえらびましょう。　（　　　　）

㋐ 1秒でも早く出動する。

㋑ 火事の現場には、30分以内には着くように、出動する。

㋒ 動きやすいように、身軽な服そうで出動する。

(4) 消防士が現場に出動するまでの流れになるように、次の①〜③にあてはまるものを、**㋐**〜**㋒**からえらびましょう。

> 出動指令を出す → （①　　　　　）→指令書を受けとる →
> （②　　　　　） → 場所をかくにんする → （③　　　　　） → 出動

㋐ 防火服を着る　　**㋑** 出動指令を聞く　　**㋒** 消防自動車に乗る

ポイント 通信指令室の人は、どこで火事が起こったかを正しく聞き、じょうほうの中心として、いろいろなところにれんらくをして協力を求めます。

きほんの
ドリル
20

ステップ1

時間 15分

問／7問中

月　　日

サクッと
こたえ
あわせ

答え 69ページ

安全なくらしを守る④
火事からくらしを守る④

（　　）にあてはまる言葉を、右の□□に書きましょう。

◉ まちの中には（　①　）
や防火水そうなど、
消防のしせつがたくさん
ある。

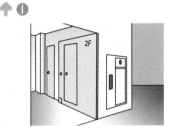

↑①

◉ 学校や病院などは、消防
について定めた（　②　）
の決まりで、火事が起き
るとしまる（　③　）や
防火シャッター、消火器
などの消火活動にひつようなせつびがおかれている。

↑②

◉ 火事が起こったとき、学校や保育園などは地いきの
（　④　）場所になる。

◉ 地いきの人々が集まって活動する（　⑤　）は、火事
や災害などが起きたとき、消防しょと協力して、消
火や救助活動をする。

◉ （⑤）の団員は、火事が起こらないように、火事を
（　⑥　）するよびかけや、きん急時に早く行動する
ために、器具の（　⑦　）などをおこなっている。

①	
②	
③	
④	
⑤	
⑥	
⑦	

冬の間も学校のプールに水がはいっているのは、
防火水そうの役割をはたしているからだよ。

きほんの
ドリル
20。

ステップ2

⏱時間15分 | 合かく80点 | /100

月　日

サクッと
こたえ
あわせ

答え 69ページ

安全なくらしを守る④
火事からくらしを守る④

1 次の問いに答えましょう。　　　　　　100点（1つ10点）

(1) 次の①〜③の説明と、それにあてはまる消防しせつの絵を、⑦〜⑨からえらんで線でむすびましょう。

①火事が広がらないようにとじるとびら	②火事が起きたときに、それを知らせる	③火事にそなえて消火用の水をためておく

●　　　　　　　　●　　　　　　　　●

●　　　　　　　　●　　　　　　　　●

⑦

⑦
防火水そう
FIRE CISTERN

⑨

(2) 火事などの災害のときに消防しょと協力して活動する、地いきの人たちの組織を何といいますか。　　　　（　　　　　　　　　　）

(3) (2)の説明として、正しいものには〇を、まちがっているものには×をつけましょう。

①（　　）ふだんは会社や店などで自分の仕事をしていて、火事が起きたときなどに、団員として活動する。

②（　　）防災訓練などを地いきで行っている。

③（　　）自分たちの地いきを自分たちで守るという思いがある。

④（　　）自分の仕事中に道具や機器の点けんを行っている。

⑤（　　）火災予防のよびかけや、おう急手当ての仕方を学んでいる。

⑥（　　）火事が起きたときは活動するが、台風や地しんなどの災害のときは、火事にならないかぎり活動しない。

ポイント 地いきには、火事が起きたときはすばやく消火活動が行えるように、消防のしせつがそなえられています。

冬休みの
ホームテスト

21.

時間 **20**分 ｜ 合かく **80**点 ｜ /100

月　　日

サクッと
こたえ
あわせ

答え **69**ページ

はたらく人とわたしたちのくらし⑤～⑧
安全なくらしを守る①～④

⭐ スーパーマーケットで調べたことをまとめた新聞の記事を見て、次の
問いに答えましょう。

16点（1つ4点）

〈人気の理由にせまる！〉
　お店をおとずれるお客さんに、どうしてこのお店を使うのかを聞いてみたところ、（　①　）などの意見がよせられました。

〈くふうされた売り場のヒミツ！❷〉
　売り場の天井には、品物の名前が大きく見やすい字で書かれているかん板があるため、すぐに目てきの場所につくことができます。

〈調べたあとの感想〉
　スーパーマーケットは、品物を売っているだけでなく、❸地いきに住んでいる人たちの役に立っていることがわかりました。

(1)　①にあてはまる文として正しいものを、㋐～㋓から2つ選びましょう。
（　　・　　）

㋐　広いちゅう車場があり、遠くの場所からも来やすい。

㋑　1つのしゅるいの品物だけがたくさんあり、買い物がしやすい。

㋒　野菜や魚がそのままの大きさで売られていて、べんりである。

㋓　通路が広いため、カートをおしながらゆっくり買い物ができる。

(2)　❷の記事にのせる絵として正しいものを、次の㋐～㋒から選びましょう。
（　　　）

㋐ 　㋑ 　㋒

(3)　❸のようなことを何といいますか。　（　　　　　　）

⬇ うらのページにつづくよ！

2 次の①〜③のスーパーマーケットではたらいている人は、何をしていますか。次の㋐〜㋒からそれぞれえらびましょう。　　　18点（1つ6点）

①（　　　　　）
②（　　　　　）
③（　　　　　）

㋐　コンピューターを使って、品物の売れぐあいを調べて、注文数を決めている。

㋑　おいしく食べてもらうために、1日の決められた時間に何回かに分けておそうざいをつくっている。

㋒　品物を見やすいように、正面に向けて野菜をならべている。

3 右の図を見て、問いに答えましょう。　　　66点（1つ6点）

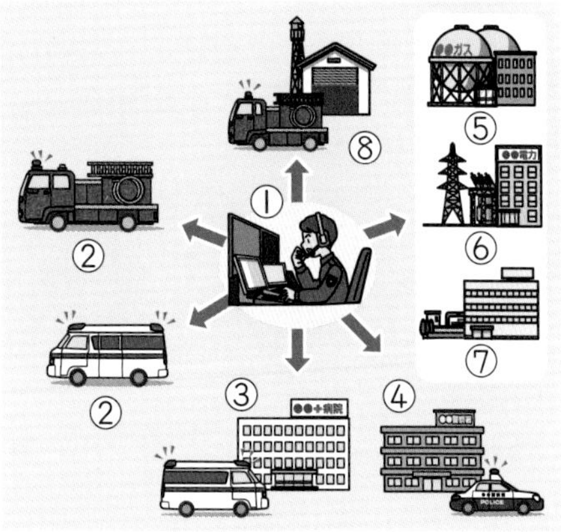

(1) 図の①〜⑦に入る言葉を、㋐〜㋖からそれぞれえらびましょう。

①（　　　　　）　②（　　　　　）
③（　　　　　）　④（　　　　　）
⑤（　　　　　）　⑥（　　　　　）
⑦（　　　　　）

㋐　ガス会社　　　㋑　病院
㋒　けいさつしょ　㋓　水道局
㋔　通信指令室　　㋕　消防しょ　㋖　電力会社

(2) 図の⑧にあてはまる、火事などのときに地いきの人たちが活動する組織を何といいますか。　　　（　　　　　　　　　）

(3) 火事をふせぐために学校におかれているものとして、まちがっているものを、㋐〜㋓から2つ選びましょう。　（　　　・　　　）

㋐　消火器　　　　　㋑　火さいほうちせつび
㋒　ゴムボート　　　㋓　ちゅう車場

(4) 防火シャッターの下に、ものをおいてはいけない理由について、次の文にあてはまる言葉を、右の　　からえらんで答えましょう。

> 火事のときにシャッターをしめきらないと、けむりや
> （　　　　　）が他の階にまでうつってしまうから。

水　　ほのお
人

安全なくらしを守る⑤
事故や事件からくらしを守る①

（　　）にあてはまる言葉や数字を右の□に書きましょう。

● 事故や事件が起きた場所には、（　①　）しょの人がかけつける。

● 交通事故を見たときは（　②　）番に通報する。

● 通報を受けると、近くにいるけいさつかんが（　③　）の車両についている無線でれんらくを受け、現場に向かう。現場に着いたら、別の交通事故などが起きないように交通（　④　）をする。

● グラフを見ると、金沢市で発生した交通事故の件数は、平成28年からじょじょに（　⑤　）きている。

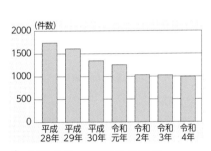
↑金沢市の交通事故の件数

● 令和4年に交通事故にあった人の数でもっとも多いのは、（　⑥　）に乗っているとき、次に多いのは（　⑦　）に乗っているときである。

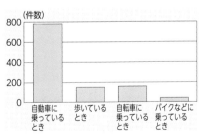
↑金沢市の交通事故にあった人の数（令和4年）

①
②
③
④
⑤
⑥
⑦

けいさつの人はくらしの安全を守っています。

きほんの
ドリル
22。

ステップ2

時間 15分　合かく 80点　／100

月　日

サクッと
こたえ
あわせ
答え 70ページ

安全なくらしを守る⑤
事故や事件からくらしを守る①

1 次の①～④にあてはまる言葉を、　　からえらんで書きましょう。

40点（1つ10点）

　自動車どうしや、自動車と自転車などがぶつかる(①　　　　　)が起きると、パトロールカーが現場に来て、(②　　　　　)の人が出動する。まわりで別の(①)や、じゅうたいなどが発生しないように③(　　　　　)をおこなう。

　(②)の人は、(①)だけでなく、(④　　　　　)のそうさもしている。

けいさつ　　交通事故　　事件　　交通整理　　消防しょ

2 次の問いに答えましょう。

60点（1つ10点）

(1) 右の**あ**・**い**のグラフのたてじくには、それぞれ何がしめされていますか。⑦～⑨からえらびましょう。

あ(　　　　　)
い(　　　　　)

⑦　年　　⑦　人数
⑨　事故の件数

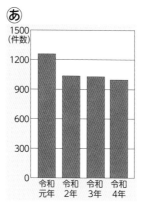
↑金沢市の交通事故の件数

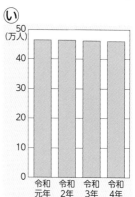
↑金沢市の人口

(2) 右のグラフを見て、正しいものには○、まちがっているものには×をつけましょう。

①(　　　)人口のへり方にくらべて、交通事故の件数のへり方のほうが大きい。

②(　　　)交通事故の件数は令和3年がもっとも少ない。

③(　　　)金沢市に住む人の数は4年間とも40万人をこえている。

④(　　　)交通事故の件数が1200件をこえたのは、令和元年だけである。

ポイント ふく数のグラフを読みとるときは、それぞれのグラフのたてじくと横じくのこうもくやたんいをたしかめ、数がどのようにかわってきたかを読みとりましょう。

44

安全なくらしを守る⑥
事故や事件からくらしを守る②

（　）にあてはまる言葉や数字を右の □ に書きましょう。

◉ 交通事故を見て、（　①　）番に通報すると、けいさつ本部の通信指令室につながる。

◉ すぐに事故現場の近くの（　②　）やけいさつかんが乗っている（　③　）にれんらくがいく。

◉ けがをしている人がいるときは、消防しょにもれんらくがいき（　④　）が出動し、けが人を（　⑤　）に運ぶ。

◉ 事故をみかけたら、できるだけ（　⑥　）く通報し、どのような事故なのか、事故の（　⑦　）やどこで事故が起こったかの（　⑧　）を、落ち着いてつたえることが大切である。

①	
②	
③	
④	
⑤	
⑥	
⑦	
⑧	

けいさつしょや消防しょに連絡することを、通報するというよ。

時間 15分　合かく 80点　/100

月　日

サクッと
こたえ
あわせ
答え 70ページ

安全なくらしを守る⑥
事故や事件からくらしを守る②

1 次の問いに答えましょう。　　　　　　　　　　60点（1つ10点）

(1) 次の文にあてはまる言葉を◯でかこみましょう。

　　交通事故を見かけたら①{ 110 ・ 119 }番にれんらくすると、
②{ 消防しょ ・ けいさつ本部 }の通信指令室につながる。①にれんらく
することを③{ 通報 ・ 通こく }という。

(2) 交通事故の現場のようすをあらわした①～③の絵にあてはまるせつ明
　　を、㋐～㋒からえらんで線でむすびましょう。

①　　　　・　　　　・ ㋐交通整理をして、道路の安全をか
　　　　　　　　　　　 くほする。

②　　　　・　　　　・ ㋑なぜ、事故が起きてしまったのか
　　　　　　　　　　　 原因を調べる。

③　　　　・　　　　・ ㋒けがをした人を助けて、救急車で
　　　　　　　　　　　 病院に運ぶ。

2 次の文のうち、正しいものには◯、まちがっているものには×をつけ
ましょう。　　　　　　　　　　　　　　　　　　　　40点（1つ10点）

①(　　)交通事故をみかけたら、まわりをかくにんして、時間をかけて
　　　　けいさつにれんらくする。

②(　　)事故現場では、けいさつの人が交通整理をおこなう。

③(　　)通信指令室から、現場近くの病院にけが人が運ばれることをれ
　　　　んらくする。

④(　　)パトロールカーはなるべく現場の遠くからかけつける。

 交通事故の現場では、けいさつかんや消防しょの人などが人々の安全を守るためにはたらい
ています。

ステップ1 時間 15分 問／9問中 月 日

サクッと
こたえ
あわせ

安全なくらしを守る⑦
事故や事件からくらしを守る③

答え 70ページ

( )にあてはまる言葉を右の□に書きましょう。

● 地いきにあるけいさつしょは(①)とよばれる。

● (①)の仕事には、(②)
カーでの地いきの見回り、
道にまよっている人への道
(③)❶、(④)ルー
ルを守らない人のとりしま
り❷、などがある。

↑❶

↑❷

● 地いきで事故や事件が起き
たときは、すぐに(⑤)
にかけつける。

● 安全な生活を送るためには、道路交通法などの
(⑥)やきまり、(④)ルール、道路(⑦)❸を
守ることがたいせつである。

● 交差点には、信号きや横断
(⑧)がある。

● (⑨)に乗るときはヘル
メットをかぶるようにする。

↑❸おもな道路(⑦)

①	
②	
③	
④	
⑤	
⑥	
⑦	
⑧	
⑨	

自分が住む地いきにある、交通安全のための
ルールや道路ひょうしきをさがしてみよう。

きほんの
ドリル
24。
ステップ2
時間15分　合かく80点　/100
月　日

サクッとこたえあわせ
答え 70ページ

安全なくらしを守る⑦
事故や事件からくらしを守る③

1 次の⑦〜⑦から、けいさつの仕事にあてはまるものを3つえらび、○をつけましょう。　　　30点（1つ10点）

⑦（　）けがした人を救助し、病院に運ぶ。
④（　）パトロールをして、まちの安全を守る。
⑦（　）火事が起こった場所で、消火活動をする。
④（　）地いきの人の家をたずねて、安全をかくにんする。
⑦（　）道にまよっている人に、道あんないをする。

2 次の問いに答えましょう。　　　70点（1つ7点）

(1) 次の文の①・②にあてはまる言葉を書きましょう。

　まちの安全を守り、交通事故などをふせぐためには、わたしたちひとりひとりが道路交通法などの（①　　　　　　　）や交通ルールなどの（②　　　　　　　）などを守ることがたいせつです。

(2) 次の①〜③の内容をあらわす道路ひょうしきを、⑦〜⑦からそれぞれえらびましょう。　①（　）②（　）③（　）
① 横断歩道がある。
② いったん止まって左右をかくにんする。
③ 歩行者は横断してはいけない。

⑦ 　④ 　⑦

(3) 道路を歩くときや自転車を乗るときに気をつけることとして、正しいものには○を、まちがっているものには×をつけましょう。
①（　）赤信号でもまわりに車がなければ道をわたってもよい。
②（　）自転車に乗るときはヘルメットをしっかりとかぶる。
③（　）自転車は暗くてもライトをつけない。
④（　）歩くときは道路の右側を歩く。
⑤（　）自転車で歩道を通るときは全速力をだす。

ポイント 道路ひょうしきには、交通の安全を守る役わりのほかにも、歩行者や運転手にいろいろなじょうほうを知らせることで、目てき地に行きやすくする役わりもあります。

48

安全なくらしを守る⑧
事故や事件からくらしを守る④

（　　）にあてはまる言葉を右の□に書きましょう。

◉ 地いきの安全を守るしくみとして、交番などの
（　①　）や市区町村の（　②　）、学校や町内会、店
などの地いきの人々が協力している。

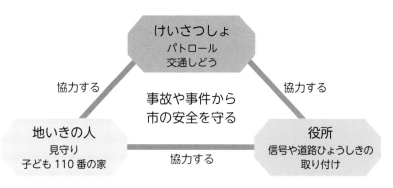

けいさつしょ
パトロール
交通しどう

協力する

事故や事件から
市の安全を守る

協力する

地いきの人
見守り
子ども 110 番の家

協力する

役所
信号や道路ひょうしきの
取り付け

◉ 交通（　③　）をふせぐために、
道路ひょうしきや（　④　）❶な
どのせつびがある。

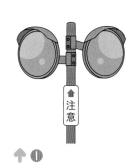

↑❶

◉ 事件をふせぐために（　⑤　）カ
メラがそなえられている。

◉ こども（　⑥　）のステッカー❷があ
る店などには、いざというときに、
子どもたちが（　⑦　）をもとめるこ
とができる。

こども
110番
警視庁
けいしちょう

↑❷

◉ 地いきでは、子どもたちの通
学を見守るために（　⑧　）を
している。

いろいろな人が地いきの安全のために協
力しているんだね。

①
②
③
④
⑤
⑥
⑦
⑧

きほんの
ドリル
25。

ステップ2

時間 15分　合かく 80点　／100

月　　日

サクッと
こたえ
あわせ

答え 70ページ

安全なくらしを守る⑧
事故や事件からくらしを守る④

① 次の問いに答えましょう。　　　　　　　　　　70点（1つ10点）

(1)　まちの安全を守るしくみで、けいさつのはたらきには㋐、役所のはたらきには㋑、地いきの人のはたらきには㋒を書きましょう。

①（　　　　）見通しが悪い道路にカーブミラーをせっちする。

②（　　　　）学校や地いきで交通安全教室をひらく。

③（　　　　）こども110番のステッカーをかかげる。

④（　　　　）地いきの安全会議をひらき、みんなでパトロールをする。

⑤（　　　　）交通りょうの多いところに歩道橋をかける。

(2)　交通安全教室で教わることとして、正しいものを 2 つえらび、○をつけましょう。

㋐（　　　　）道路をわたるときは横断歩道を歩く。

㋑（　　　　）自動車が走っていなければ広い車道を歩く。

㋒（　　　　）歩行者よりも自動車の通行がたいせつである。

㋓（　　　　）自転車に乗るときはヘルメットをかぶる。

② 右の写真にある①～③の道路のせつびの名前を、　　　からそれぞれえらびましょう。
　　　　　　　　　　　　　　　　　　　　　　30点（1つ10点）

①自動車が直接ぶつかるのを防ぐ。
（　　　　　　　　）

②「進め」「止まれ」の合図になる。
（　　　　　　　　）

③さまざまな交通ルールを示す。
（　　　　　　　　）

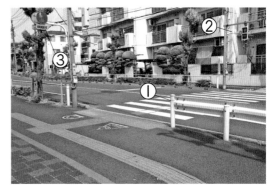

信号　　道路ひょうしき　　ガードレール　　ぼうはんカメラ

 けいさつ、学校、役所、地いきの人々が協力しあって、まちの安全を守っています。

時間 **20**分 　合かく **80**点 　／100　　月　　日

サクッと
こたえ
あわせ

答え **70**ページ

安全なくらしを守る①〜⑧

1 次の問いに答えましょう。　　　　　　　　　35点（1つ5点）

(1) 火事が起きたときに、119番にかけた電話は、どこにつながりますか。
⑦〜⑦からえらびましょう。　　　　　　　　　　　（　　　　　）
　⑦　近くの消防しょの受付　　⑦　市役所の火事係　　⑦　通信指令室

(2) 119番の電話をかけたときに、さいしょに聞かれることを、⑦〜⑨か
らえらびましょう。　　　　　　　　　　　　　　　（　　　　　）
　⑦　火事の起きている場所　　⑦　電話をかけている人の名前
　⑦　火事なのか救急なのか　　⑨　けがをしている人の数

(3) 次の①〜③は、119番の電話を受けた(1)が協力を求めてれんらくをし
ているようすです。それぞれどこへのれんらくか、　　　からえらんで書
きましょう。
　①　けが人がいるので、受け入れてください。　　（　　　　　）
　②　火事の現場で交通整理をお願いします。　　　（　　　　　）
　③　火事の現場周辺の水圧をあげてください。　　（　　　　　）

　　　　　　けいさつしょ　　水道局　　病院　　ガス会社

(4) (1)から消防しょに火事のれんらくが入ったとき、次の①・②で出動す
る車を何といいますか。
　①　消火するためのせつびをそなえた車　　　　　（　　　　　）
　②　けが人を病院に運ぶための車　　　　　　　　（　　　　　）

2 次の①〜③の消防しせつのうち、消火活動に使うものには⑦を、人を
守るためのものには⑦を書きましょう。　　　　　15点（1つ5点）

①（　　　　　）

②（　　　　　）

③（　　　　　）

うらのページにつづくよ！　**51**

3 次の問いに答えましょう。　　　　　　　　25点（1つ5点）

(1) 次の文にあてはまる言葉を ◯ でかこみましょう。

> 交通事故を見たら、できるだけ①{ はやく ・ ゆっくり }110番に通報
> して、事故のようすや事故が起こった②{ 日にち ・ 場所 }を伝える。

(2) 110番の通報を受けた、けいさつ本部の通信指令室が、直せつれんら
　くしないところを、㋐～㋓からえらびましょう。　　　（　　　　　）
　　㋐　現場近くのけいさつしょ　　　㋑　現場近くにいるパトロールカー
　　㋒　現場近くの病院　　　　　　　㋓　現場近くの消防しょ

(3) 事故現場での、けいさつの人の仕事として、正しいものを2つえらび、
　◯をつけましょう。
　　㋐（　　　）事故を起こした車を修理工場に移動させる。
　　㋑（　　　）なぜ事故が起きたのか、原因を調べる。
　　㋒（　　　）道路の安全のために、交通整理をする。
　　㋓（　　　）事故でけがした人を病院に運ぶ。

4 次の問いに答えましょう。　　　　　　　　25点（1つ5点）

(1) 次のしせつがある場所を、㋐～㋒からえらびましょう。

①（　　　　　）

②（　　　　　）

③（　　　　　）

　　㋐　車の交通りょうが多い道路　　　㋑　見通しの悪い道路
　　㋒　目の不自由な人が通る歩道

(2) 次の文の①・②にあてはまる言葉を 　　 からえらびましょう。
　①　いざというときには、（　　　　　　　　）のステッカーがはってあ
　　る場所に行って助けをもとめる。
　②　地いきの人は、子どもたちの登下校の時間に（　　　　　　　　）を
　　している。

市役所　　こども110番　　パトロール

きほんの
ドリル
27。

ステップ1

時間 15分

問／7問中

月　日

サクッと
こたえ
あわせ

答え 71ページ

わたしたちの市のうつりかわり①
人口と土地の歴史

（　　　）にあてはまる言葉や数字を右の□に書きましょう。

◉ 市や県、国など、その地いきに住んでいる人の数を
（　①　）という。

◉ 長野市は、まわりの
町や村と合わさって、
市の土地が（　②　）
くなった。

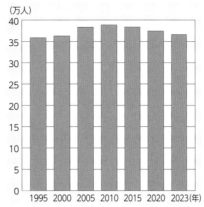

（万人）

↑長野市の（①）のうつりかわり

◉ 長野市に住む人の数
は（　③　）年から
（　④　）年までふえ
つづけている。

◉ 長野市に住む人の数は2015年からは（　⑤　）つづ
けている。

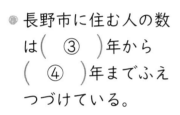

（年）	15歳未満	15〜64歳	65歳以上
1995	16.7	67.6	15.8
2000	15.4	66.3	18.4
2005	14.6	64.1	21.2
2010	14.0	61.6	24.4
2015	13.2	59.1	27.6
2020	12.2	58.0	29.7
2023	11.6	57.8	30.6

□ 0〜14歳までの（①）
□ 15〜64歳までの（①）
■ 65歳以上の（①）

※数値の合計が100%にならない場合があります。（長野県ホームページ）

↑長野市の年れいべつ（①）のわりあいうつりかわり

◉ 年れいべつで見ると、0〜64歳の（①）のわりあいは（　⑥　）いるが、
（　⑦　）の（①）のわりあいはふえつづけている。

①

②

③

④

⑤

⑥

⑦

きほんの
ドリル
27.
ステップ2
時間 15分
合かく 80点
/100
月　日

わたしたちの市のうつりかわり①
人口と土地の歴史

サクッと
こたえ
あわせ
答え 71ページ

1 次の3つの図について説明した文のうち、正しいものには○を、まちがっているものには×をつけましょう。　60点（1つ15点）

1937年

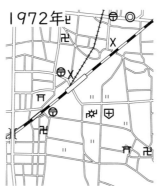
1972年

げんざい

①（　　）1972年よりもげんざいの方が、駅のまわりにあるゆうびん局の数が少ない。

②（　　）げんざいの駅近くの交番がある場所は、1937年には工場がたてられていた。

③（　　）1972年までは駅の近くに田が見られたが、げんざいでは見られない。

④（　　）時代がたつにつれて、駅近くの住たくや店の数はふえている。

2 次の図を見て、問いに答えましょう。　40点（1つ10点、(2)20点）

(1) 長野市でくらす外国の人の数がもっとも多いのは何年ですか。

（　　　　　　　）年

(2) 2021年から2022年までの1年間で、およそ何人ふえていますか。⑦～⑨からえらびましょう。

およそ（　　　　　　　）

⑦　10000人　　⑦　3000人

⑨　500人

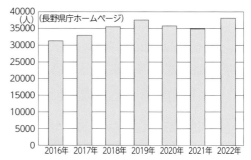
↑長野市でくらす外国の人の数

(3) その地いきに住む人の数を何といいますか。（　　　　　　　　　）

ポイント　その土地に住んでいる人の数を調べるときには、「わかい人」や「お年より」、「外国の人」など内わけに着目するようにしましょう。

きほんの
ドリル
28
ステップ1　　　時間 15分　　　問／8問中　　　月　日
サクッと
こたえ
あわせ
答え 71ページ

わたしたちの市のうつりかわり②
交通と公共しせつの歴史

( )にあてはまる言葉を右の □ に書きましょう。

◉ 1888年に（ ① ）駅ができた。

◉ 1998年に開さいされる長野（ ② ）にむけて、1997年に北陸（ ③ ）の東京・長野間が開通した。

◉ 1983年に長野大通りができ、2005年に長野市えい（ ④ ）が開業したことで、交通のべんがさらによくなった。

◉（①）駅の近くには、市に住んでいる人たちのために仕事をするしせつである長野（ ⑤ ）、本をかりることができる長野市立（ ⑥ ）やはくぶつ館など、みんながりようする場所である（ ⑦ ）が多くある。

◉（⑦）は、みんながりようしやすいように交通のべんがよいところにつくられることが多い。

◉（⑦）をつくることや、みんなに役立つ活動をするために使われるお金を（ ⑧ ）という。

年	主なできごと
1888	長野駅ができる
1983	長野大通りができる
1997	北陸新かん線の東京・長野間が開通する
1998	長野オリンピックが開さいされる
2005	長野市えいバスが開業する
2015	北陸新かん線の長野・金沢間が開業する

①
②
③
④
⑤
⑥
⑦
⑧

公共しせつは市役所が管理しているよ。

きほんの
ドリル
28.

ステップ2

時間 15分　合かく 80点　/100

月　日

サクッと
こたえ
あわせ

答え 71ページ

わたしたちの市のうつりかわり②
交通と公共しせつの歴史

1 次の文を読んで、あとの問いに答えましょう。　80点（1つ20点）

> （　①　）は、1888年にできてから、これまでに数回たてかえられてきた。さいしょは寺のような形のたて物だったが、（　②　）開さいにむけて、（　③　）開通とともにかいちくされた。その後、さらに工事が進み、今では長野県でいちばん大きな駅となっている。

(1)　①～③に入る言葉を、次の⑦～⑤からそれぞれえらびましょう。

①（　　　　　）　②（　　　　　）　③（　　　　　）

　⑦　長野オリンピック　　⑦　長野駅
　⑦　長野市役所　　　　　⑤　北陸新かん線

(2)　次の①・②は、それぞれ長野駅のようすを表しています。あとの文の説明に合うのは、①・②のうちどちらですか。　（　　　　　）

① 　②

駅前の道路が広がり、より多くのバスが乗り入れるようになった。

2 次の問いに答えましょう。　20点（1つ10点）

(1)　公共しせつは、市区町村や国などが集めたお金でつくられます。このようなお金を何といいますか。　（　　　　　）

(2)　公共しせつが多い場所を、⑦～⑦からえらびましょう。（　　　　　）

　⑦　自然がゆたかなところ　　⑦　交通のべんがよいところ
　⑦　工場の多いところ

ポイント　道路や鉄道、公共しせつは、そこに住んでいる人びとのくらしと深いかかわりがあります。時代とともに、人びとの生活ぶりがどのように変わっていったのかにも着目しましょう。

きほんの
ドリル
29.

ステップ1

時間 15分

問／7問中

月　日

サクッと
こたえ
あわせ

答え 71ページ

わたしたちの市のうつりかわり③
道具とくらしの歴史

(　)にあてはまる言葉を右の□に書きましょう。

◎ あかりの道具は、昔は石油に(①)をつけて使う
石油ランプ❶が使われていたが、(②)を使った
電とう❷にかわり、より明るく部屋をてらすけい光
とう❸が使われるようになった。

↑❶

↑❷

↑❸

◎ せんたくの道具は、昔はあらうも
のを、せんたく(③)❹の
(④)にこすりつけて、よごれ
を落としていた。

↑❹とたらい

◎ 今のせんたくき❺は、(②)の力を
使って(⑤)であらったり、か
わかしたりできる(⑤)せんたくき
が広く使われている。

↑❺

①

②

③

④

⑤

⑥

⑦

◎ ご飯をたく道具は、昔は(①)をおこして、まきをも
やして使う(⑥)が使われていたが、げんざいは、すいはんが終わると、
(⑤)でスイッチが切れる(⑤)すいはんきが使われている。

◎ 道具がべんりになることで、家事にかかる(⑦)がみじかくなった。

道具がかわることでくらしもかわってきたんだね。

きほんの
ドリル
29.

ステップ2

時間 15分　合かく 80点　/100

月　日

サクッと
こたえ
あわせ

答え 71ページ

わたしたちの市のうつりかわり③
道具とくらしの歴史

1 次の問いに答えましょう。　　　　　70点（1つ10点）

(1) ①～③の昔の道具は、それぞれ何をする道具ですか。⑦～⑦から選び
ましょう。　　①(　　　　)　　②(　　　　)　　③(　　　　)

① 　② 　③

⑦　体をあたためる。
⑦　いるいをあらう。
⑦　ごはんをたく。

(2) ①～③の道具の名前を、　　　からそれぞれえらびましょう。
①(　　　　　　　　)　　②(　　　　　　　　)
③(　　　　　　　　)

　　火ばち　　かまど　　せんたく板とたらい　　石油ランプ

(3) 道具とくらしのうつりかわりについて正しいものを、⑦～⑦からえら
びましょう。　　　　　　　　　　　　　　(　　　　)
⑦　昔から電気で動くものが多かった。
⑦　道具がべんりになると、家事の時間がみじかくなった。
⑦　昔と今の道具はあまりかわらない。

2 はくぶつ館を見学するときの注意点として正しいものには○を、まち
がっているものには×を書きましょう。　　　30点（1つ10点）

①(　　)はくぶつ館をおとずれる前に、自分が何を調べたいのかをまと
めておく。
②(　　)てんじされているしりょうを自由にさわってたしかめ、写真に
とって記ろくにのこしておく。
③(　　)昔のくらしのようすを調べるときは、道具だけに注目して、今
とくらべる。

ポイント　はくぶつ館のなかには、昔に使われていた道具をじっさいに使うことができるところもある
ので、今の私たちの生活とのちがいをじっかんすることができます。

わたしたちの市の
うつりかわり①〜③

1 次の年表を見て、あとの問いに答えましょう。 50点（1つ5点、(2)完答20点）

(1) 年表の①〜④に入る言葉を、⑦〜⑦からそれぞれえらびましょう。

①（　　　　）
②（　　　　）
③（　　　　）
④（　　　　）

⑦　65才以上
⑦　公共しせつ
⑦　道具　　⑦　15才未満　　⑦　交通

年代	1800年代	1900年代	2000年代
（　①　）	●長野駅開業	●長野電鉄長野線開業 ●名古屋駅（愛知県）と長野駅間で特急しなの開業 ●長野オリンピック開さい →北陸新かん線、東京駅と長野駅間開業	●長野市えいバス開業 ●北陸新かん線、長野駅と金沢駅間開業
土地の使われ方			
人口			●人口が38万人をこえる
人口のうつりかわり	（　③　）の人口の方が、（　④　）の人口より多い		（　④　）の人口の方が、（　③　）の人口より多くなる
（　②　）	●長野市役所開せつ	●長野市民会館開館 ●長野大通り開通 ●長野市立図書館開館	

(2) 次の⑦〜⑦は、年表の「土地の使われ方」に入る説明です。⑦〜⑦を年代が古いじゅんにならべかえましょう。

（　　　　）→（　　　　）→（　　　　）

⑦　ビルがふえ、道路も広がる
⑦　駅のまわりに住たくや店が多くなる
⑦　駅のまわりは田が多い

(3) 年表について説明した文として正しいものを、次の⑦〜⑦からえらびましょう。　　　　　　　　　（　　　　）

⑦　長野オリンピックの開さいにむけて、長野市えいバスが開業した。
⑦　長野駅から鉄道を使って愛知県まで行くことができる。
⑦　1800年代に長野市の人口は38万人をこえた。
⑦　長野市役所は、1900年代に開せつされた。

(4) 長野市えいバスが開業した年代を、年表からえらんで書きましょう。

（　　　　　　　　）

うらのページにつづくよ！　**59**

2 道具について調べた次の①と②のカードを読んで、あとの問いに答えましょう。

30点（1つ5点）

①
【主に使われていた時期】
1890～1900年代
【使い方】
　ようきにねんりょうの石油を入れて、油をすったしんに火をつける。しんの長さで明るさを調せつする。

②
【主に使われていた時期】
1970～80年代
【使い方】
　天じょうなどにとりつけ、スイッチやリモコンでそうさする。明るさが落ちてきたらこうかんする。

(1)　①の道具の名前として正しいものを、次の⑦～⑨からえらびましょう。
　　⑦　電とう　　⑦　クーラー　　⑦　石油ランプ　　（　　　　　）

(2)　②の道具と同じ時期に使われるようになった道具としてあやまっているものを、次の⑦～⑨から 2 つえらびましょう。　（　　　・　　　）
　　⑦　二そう式せんたくき　　⑦　電気がま　　⑦　せんたく板

(3)　次の説明文をつけたす場合、正しいのは①と②のどちらですか。

（　　　　　）

かんたんに使えるようになったため、ほかのことができる時間がふえた。

(4)　①と②の道具にあてはまる絵を、⑦～⑨からえらびましょう。
　⑦　　　　　　　　　⑦　　　　　　　　　⑦　　　　　　①（　　　　　）
　　　　　　　　　　　　　　　　　　　　　　　　　　　②（　　　　　）

3 次の①～④の文にあてはまる言葉を、あとの　　からそれぞれえらびましょう。

20点（1つ5点）

①一度に多くの人を運ぶ交通きかん　　　　　　　　（　　　　　）
②令和など時期の区分を表すもの　　　　　　　　　（　　　　　）
③その地いきに住んでいる人の数　　　　　　　　　（　　　　　）
④みんなのために使われるお金　　　　　　　　　　（　　　　　）

鉄道　　元号　　税金　　人口

31. わたしたちのまちと市のようす
はたらく人とわたしたちのくらし

サクッと
こたえ
あわせ
答え 72ページ

⭐1 次の問いに答えましょう。　　　　　　　20点（1つ5点）

(1) 学校のまわりのようすをかんさつするとき、方位をたしかめるために
使う道具の名前を答えましょう。　　（　　　　　　　　）

(2) 絵地図をみて、次の文の（　　）にあてはま
る言葉を　　からそれぞれえらびましょう。

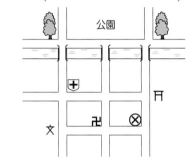

① 学校を出て北に行き（　　　　　　　）
の角を右に曲がって行くと神社に出る。

② 学校を出て東に行き（　　　　　　　）
の角を左に曲がって行くと神社にでる。

③ 学校を出て東に行き（　　　　　　　　）の角を左に曲がって行くと
公園に出る。

　　　寺　　病院　　けいさつしょ　　交番　　橋

⭐2 横浜市の写真を見て、次の問いに答えましょう。　　30点（1つ10点）

(1) 次の（　　）にあてはまる言葉を書きましょう。

横浜市は、海に面していて大きな
（　　　　　　　　　　）がかかっています。

⬆空から見た横浜港のまわり

(2) 海の近くにあるものは、何ですか。次
の㋐～㋒からえらびましょう。
　　　　　　　　　（　　　　　　）

　㋐ 田んぼ　　㋑ 高い山　　㋒ 高いビル

(3) 市の交通のようすについて調べるとき、どのようにすればよいですか。
次の㋐～㋒からまちがっているものをえらびましょう。（　　　　　　）

　㋐ 走っている電車の写真を手に入れる。
　㋑ 線路がのっている、市全体の地図で調べる。
　㋒ 市役所の人に手紙や電話でしつ問する。

⬇うらのページにつづくよ！　61

3 さとるさんは農家、ひとみさんは工場ではたらく人を調べました。二人のメモを見て、①～⑤にあてはまる言葉をえらび◯をつけましょう。

25点（1つ5点）

〈さとるさん〉

キャベツは①{ あつさ ・ さむさ }につよく、しゅんが3回あるなどのとくちょうがあります。箱につめられたキャベツは②{ 電車 ・ トラック }で各地に運ばれます。農家の中には、八百屋や魚屋などの店に野菜を売る③{ おろし売り市場 ・ 直売所 }に出荷する農家もいるそうです。

〈ひとみさん〉

ハンバーグの④{ 原料 ・ しげん }である牛肉は、外国から送られてきます。食品工場では、身のまわりをきれいにする⑤{ けんきゅう ・ えいせい }にとくに気をつけています。

4 次の問いに答えましょう。

25点（1つ5点）

(1) 右のスーパーマーケットではたらいている人は何をしていますか。次の⑦～⑦からえらびましょう。

（　　　　）

⑦ 仕入れた品物をならべている。
⑦ 品物のねだんをレジに打ちこんでいる。
⑦ コンピューターで品物の売れ具合を調べて注文数を決めている。

(2) スーパーマーケットでの買い物について、次の①～④の文について、正しいものには◯を、まちがっているものには×をつけましょう。

①(　　　)買い物はできるだけ一度ですむように、一回の買い物でたくさん買って、あまったらすてるようにする。

②(　　　)品物は、しゅるいごとにまとめて売られているので、かん板を見てほしい品物をさがす。

③(　　　)買い物にいくときは、エコバックを持って行き、できるだけごみを出さないようにする。

④(　　　)できるだけ、遠くでつくったものや外国の原料だけを使ったものを買うようにする。

32。安全なくらしを守る
わたしたちの市のうつりかわり

答え 72ページ
サクッと
こたえ
あわせ

⭐1 次の消防団の団員の話を読んで、あとの絵の活動にあてはまる言葉を、団員の話の中から、えらんで書きましょう。　　30点（1つ10点）

> 消防団は、地いきの人がつくる組織で、ふだんはべつの仕事をしています。火事などが起きたときは、消防しょの人たちと協力して活動します。器具の点検や消火の訓練もしています。また、防火のよびかけもしています。

① 　② 　③

①(　　　　　　　　　　)
②(　　　　　　　　　　)
③(　　　　　　　　　　)

⭐2 図を見て、交通事故について考えましょう。　　20点（1つ5点）

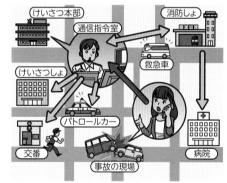

(1) 事件や事故が起きたとき、110番にれんらくすることを、何といいますか。
(　　　　　　　　　　)

(2) 事故の電話を受けた通信指令室の説明として、正しいものを3つえらびましょう。
(　　・　　・　　)

㋐ 事故現場近くのパトロールカーにれんらくして、出動を指令する。

㋑ けいさつ本部にれんらくして、出動を指令する。

㋒ 現場近くのけいさつしょや交番にれんらくして、出動を指令する。

㋓ 消防しょにれんらくして、救急車を出動してもらう。

㋔ ガス会社に連絡して、事故現場のガスをとめてもらう。

⬇うらのページにつづくよ！

3 次のグラフは、長野市の人口のうつりかわり表しています。このグラフの説明として、正しいものには○を、まちがっているものには×をつけましょう。

20点（1つ5点）

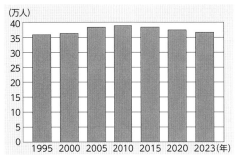

↑長野市の人口のうつりかわり

	15歳未満	15～64歳	65歳以上
1995	16.7	67.6	15.8
2000	15.4	66.3	18.4
2005	14.6	64.1	21.2
2010	14.0	61.6	24.4
2015	13.2	59.1	27.6
2020	12.2	58.0	29.7
2023	11.6	57.8	30.6

0%　　　　　　　50%　　　　　　　100%
□0～14歳までの人口　□15～64歳までの人口　■65歳以上の人口

↑長野市の年れいべつ人口のうつりかわり

㋐（　　　　）1995年から2010年まで、人口はふえているが、65歳以上の人口はふえていない。

㋑（　　　　）2000年の市の人口はおよそ36万人である。

㋒（　　　　）2015年から少しずつ市の人口はへっている。

㋓（　　　　）1995年から2023年まで、15歳未満の人口はまったくかわらないが、15～64歳の人口がへっている。

4 次の道具年表を見て、答えましょう。

30点（1つ5点）

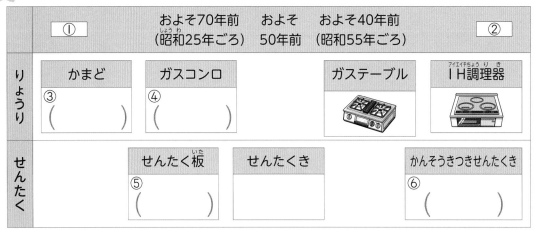

①	およそ70年前（昭和25年ごろ）	およそ50年前	およそ40年前（昭和55年ごろ）	②
りょうり	かまど ③（　　）	ガスコンロ ④（　　）	ガステーブル	IH調理器
せんたく		せんたく板 ⑤（　　）	せんたくき	かんそうきつきせんたくき ⑥（　　）

(1) ①・②にあてはまる時期を、㋐・㋑からえらびましょう。

　㋐　100年前　　㋑　今（令和）　　①（　　　　）　②（　　　　）

(2) ③～⑥にあてはまる絵を㋐～㋔からえらび、年表に書きましょう。

㋐ 　㋑ 　㋒ 　㋓ 　㋔

●ドリルやテストが終わったら、うしろの
「がんばり表」にシールをはりましょう。
●まちがったら、かならずやり直しましょう。
「考え方」もよみ直しましょう。

おうちの方へ 方位と地図記号を学び、市の
地形や土地利用、交通の広がりなどを地図か
ら読み取り、市の様子の理解を深めます。

1. わたしたちのまちと 市のようす① 1~2ページ

ステップ1

①方位じしん　②北　③上　④東
⑤南　⑥四方位　⑦地図記号　⑧学校
⑨かじゅ園　⑩図書館

ステップ2

❶ (1)①のぼる　②しずむ　③12
　(2)①北　②東　③南　④西
　(3)①○　②×　③○

❷ ①学校　②神社　③交番
　④はくぶつ館　⑤畑　⑥発電所

考え方 ❶ (1)方位は太陽の動きをきじゅん
にして考えましょう。
(3)②方位じしんは、平らな場所において使
います。
❷ ③交番とけいさつしょの地図記号は、に
ているのでちゅういしましょう。けいさつ
しょは、けいぼうを2本交わらせて丸でか
こんだ記号です。

2. わたしたちのまちと 市のようす② 3~4ページ

ステップ1

①八　②四　③北東　④南東　⑤南西
⑥北西　⑦地図　⑧ひくい　⑨土地
⑩交通

ステップ2

❶ ①北　②北東　③東　④南東
　⑤南　⑥南西　⑦西　⑧北西

❷ (1)①南西　②北東　(2)ウ
　(3)ゆうびん局　(4)ア

考え方 ❶ 八方位は、四方位の間の方位を
表します。漢字は、北と南が手前につくと
おぼえましょう。
❷ (1)市役所は、広場の北にある◎の地図記
号です。
(2)ア駅の近くにあるのは、交番です。イ病
院から見て、消ぼうしょは南西にあります。

3. わたしたちのまちと 市のようす③ 5~6ページ

ステップ1

①高さ　②東　③西　④海
⑤エ　⑥土地　⑦道路　⑧運ぶ

ステップ2

❶ (1)ア北東　イ南西　ウ高く
　エひくく　オ工場
　(2)③
　(3)①平ら　②うめ立て　③港
　④高速道路

考え方 ❶ (1)市の地図を見て、市全体のお
よその土地のようす（地形）と、土地の使
われ方（土地利用）を考えましょう。川は、
高いところからひくいところへ流れること
から、市の北東は土地が高く、南西は土地
がひくいとわかります。

4. わたしたちのまちと 市のようす④ 7~8ページ

ステップ1

①家　②高い　③畑　④交通　⑤人
⑥空港　⑦港

ステップ2

❶ (1)交通
　(2)空港
　(3)①×　②×　③○　④○　⑤○

❷ ①イ　②ウ

機のほか、自動車や船があります。
(2)飛行機の形の地図記号があることから、空港だとわかります。
(3)①新かん線は、県の東がわを通っています。②能古島には、船でしか行けません。

あるⓌが正しいです。

> **おうちの方へ** 農家や工場で働く人の様子や、野菜などの作物や食品などの製品がどのように作られるかを学びます。

---

5. わたしたちのまちと市のようす⑤　9~10ページ

ステップ1
①市役所　②税金　③学校
④公共しせつ　⑤神社　⑥たて物
⑦祭り

ステップ2
1 (1)市役所・◎　(2)公共しせつ
　(3)①表すもの：消ぼうしょ　記号：○
　　②表すもの：図書館　記号：○
　　③表すもの：ゆうびん局　記号：×
2 ①－Ⓤ－⑦　②－ⓘ－⑦　③－ⓐ－⑦

> **考え方** 1 (2)(3)学校、公民館、公園、図書館、はくぶつ館、消ぼうしょなども公共しせつです。
> 2 地図記号の多くは、もとにした形などがあります。それぞれの地図記号のなりたちを調べてみましょう。

---

6. まとめのドリル　11~12ページ

1 (1)小学校：東　はくぶつ館：南
　(2)①しずむ　②南西
　(3)①はくぶつ館　②畑　③市役所・③
　(4)⑦・⑦（順不同）
2 (1)①×　②○　③×　④×
　(2)♨
3 (1)①高い　②ひくい　③交通
　　④観光
　(2)⑦

> **考え方** 2 (1)③べっぷアリーナは、別府駅の南西にあります。④別府公園に田や畑は見られません。
> (2)温せんの地図記号は、湯ぶねと湯けむりを表しています。

---

7. はたらく人とわたしたちのくらし①　13~14ページ

ステップ1
①農家　②ひりょう　③土　④たね
⑤農薬　⑥世話　⑦しゅうかく
⑧地産地消

ステップ2
1 (1)①⑦　②⑦　③⑦　④⑦
　(2)④→②→①→③（完答）
2 (1)①りょう　②しゅるい
　(2)だいこん
　(3)60（台分）

> **考え方** 1 (1)②何回かにわけて、畑にたねをまきます。④土をやわらかくするときには、こううんきやトラクターを使います。

---

8. はたらく人とわたしたちのくらし②　15~16ページ

ステップ1
①手　②ビニールハウス　③きず
④市場　⑤外国（海外）　⑥直売所

ステップ2
1 ①きかい　②手　③形　④トラック
2 ①名前：⑦　説明：⑦
　②名前：⑦　説明：⑦
　③名前：⑦　説明：⑦

> **考え方** 1 野菜のしゅうかくやけんさは、手作業で行います。
> 2 ②おろし売り市場は、農家で作られた作物を仕入れて、スーパーマーケットや八百屋などの店に売るところです。

太陽は南の方位にあるとわかります。

9. はたらく人と わたしたちのくらし③ (17~18ページ)

ステップ1
①工場　②原料　③外国（海外）　④味
⑤形　⑥ねつ　⑦ほうそう　⑧出荷

ステップ2
❶ ①×　②○　③○
❷ (1)原料　(2)①ア　②ウ　③イ
　(3)①ウ　②イ　③ア

考え方 ❶ ①くわしい言葉や絵でまとめるのは、工場見学から帰ってきたあとにおこないましょう。

❷ (3)かまぼこ作りは、原料となる魚のすり身が外国からとどき、すり身に味をつけ、形をととのえて、ねつをくわえます。その後、かまぼこをひやして、品しつのけんさをおこない、ほうそうして出荷します。

10. はたらく人と わたしたちのくらし④ (19~20ページ)

ステップ1
①よごれ　②白　③手　④風　⑤注文
⑥トラック　⑦店　⑧道路

ステップ2
❶ (1)①○　②×　③×　(2)ウ
❷ (1)ア・ウ・オ（順不同）
　(2)えいせい

考え方 ❶ (1)②原料は日本や外国のさまざまな地いきから仕入れています。③せい品は、インターネットなどで注文を受け、たくはいびんで送ることもあります。

❷ (1)イせい品のかんせいまでには、多くの人がかかわっています。エ作業をするときには、ほこりなどが見えやすい服を着ます。

11. 夏休みのホームテスト (21~22ページ)

⭐1 ①北　②西　③南　④東
⭐2 (1)イ・エ（順不同）　(2)鉄道　(3)イ
　(4)工業　(5)☀
⭐3 (1)①イ　②ア　③ウ　④オ　⑤カ
　(2)ビニールハウス
⭐4 ①ウ　②エ　③ア　④イ

太陽は南の方位にあるとわかります。

❷ (3)川は土地の高い所から海や湖などのひくい所に流れます。この地図では、太田川は、ほぼ北から南に流れています。

❸ (1)①たいひとは、ひりょうのことです。④⑤畑にシートをかけることで、土があたたかくなり、害虫をよせつけないこうかもあります。

⭐4 ③地産地消は、「地いき生産、地いき消費」を短くした言葉です。

おうちの方へ わたしたちの身近なスーパーマーケットで働く人の姿や、お客さんの願いをかなえる工夫を学びます。

12. はたらく人と わたしたちのくらし⑤ (23~24ページ)

ステップ1
①コンビニエンスストア　②名前　③数
④左　⑤スーパーマーケット
⑥八百屋（さん）　⑦車　⑧商店がい

ステップ2
❶ (1)ア正T　イタ　ウF
　(2)スーパーマーケット
　(3)

❷ ①×　②×　③○　④○　⑤○

考え方 ❷ ①見学に行くときは、事前にれんらくをしてほうもんする時間をつたえましょう。②品物は売り物なのでかってにさわってはいけません。

13. はたらく人と わたしたちのくらし⑥ (25~26ページ)

ステップ1
①かん板　②通路　③車いす
④しゅるい　⑤野菜　⑥安
⑦ちゅう車場

❶ ①エ　②イ　③ウ　④オ
❷ (1)①○　②×　③○　④×

考え方 ❶ ②野菜を切ったり、魚をさばいたり、そうざいをつくる人がいます。③お客さんが買いたいものを、ひとめでさがすことができるようにしています。

❷ ②カートを引いて買い物をするお客さんや、車いすなどの人も買い物をしやすいように、通路は広くなっています。④野菜は、食べるぶんだけ買うことができるように、半分に切られていたり、小分けにして売られています。

14. はたらく人とわたしたちのくらし⑦　27~28ページ

ステップ1
①ひつよう　②時間　③ねだん
④ならべる　⑤品しつ　⑥コンピューター
⑦注文　⑧産地

ステップ2
❶ ①イ　②ア　③エ　④ウ
❷ (1)産地（さんち）　(2)仕入れ（しいれ）
　(3)①賞味　②消費

考え方 ❶ ②コンピューターで品物の売れ行きをかんりして、品切れがないようにしています。④できたてのものを買ってもらえるよう、時間を考えてつくっています。

❷ (3)賞味期限や消費期限が切れていないかをたしかめることで、お客さんは安心してして買い物をすることができます。

15. はたらく人とわたしたちのくらし⑧　29~30ページ

ステップ1
①お客さん（人）　②車いす
③リサイクル　④ごみ　⑤入口
⑥ちらし　⑦こうけん

ステップ2
❶ ①品しつ　②ねだん　③しょうがい
　④こうけん
❷ (1)①イ　②ア　③ウ
　(2)リサイクル

ニエンスストア」、ウ「移動はん売」についての文です。

(2)スーパーマーケットでは、家から出た空きかんやペットボトルなどを回収するリサイクルコーナーをせっちしています。

16. まとめのドリル　31~32ページ

❶ ①イ　②ア　③オ　④カ
❷ (1)ウ
　(2)①高速道路　②トラック　③出荷
　(3)原料（げんりょう）
❸ (1)①イ　②ウ　③ア
　(2)ウ
　(3)国旗（こっき）
❹ ①ア　②エ　③オ　④イ　⑤ウ

考え方 ❷ (1)ウけんこうなからだをたもつことと服そうはかんけいありません。
(2)せい品を運ぶだけでなく、たくさんの原料を運び入れやすくなります。

❸ (2)品物の産地は、(1)ウのねふだや、エのパッケージのシールなどに書かれています。

❹ ④「通しんはん売」は、インターネットなどを通じて、品物を買うことです。

おうちの方へ 火事が起きたときの消防の仕事や、また火事を起こさないために地域全体で取り組んでいることを学びます。

17. 安全なくらしを守る①　33~34ページ

ステップ1
①消防自動車　②救急車
③パトロールカー　④消防士　⑤協力
⑥たばこ　⑦住たく

ステップ2
❶ ①消防士　②消防自動車　③電力会社
　④救助
❷ (1)①×　②○　③×
　(2)①2　②イ・エ（順不同）

す。③中心となる消防しょが、松江市と書
かれているすぐ下にあります。

(2)①たき火はたばこの次に原因として多い
です。②⑦けがをした人がいるかどうかは、
このグラフからはわかりません。⑨3000
件をこえているのはたばこだけです。

18. 安全なくらしを守る②　35~36ページ

ステップ1

①防火服　②もえ　③119　④訓練（くんれん）
⑤24　⑥点けん　⑦はしご　⑧水

ステップ2

❶ (1)①エ　②ウ　③ア
　(2)①×　②○　③×　④○
　(3)①サイレン　②ホース　③はしご

考え方 ❶ (1)①は、地いきの人々でつくる
消防団（だん）などがあてはまります。
(2)①中に鉄板が入っているくつをはきます。
③消防服は体を守るために、やく10kgの
重さがあります。

19. 安全なくらしを守る③　37~38ページ

ステップ1

①通信指令室（つうしんしれい）　②消防自動
③けいさつしょ　④病院　⑤水道局
⑥ガス会社　⑦電力会社　⑧防火服

ステップ2

❶ (1)通信指令室
　(2)①オ　②イ　③エ　④ウ　⑤ア
　(3)⑦
　(4)①イ　②ア　③ウ

考え方 ❶ (1)119番通報（つうほう）を受けた通信指令
室がじょうほうをまとめて、消防しょに出
動指令を出したり、けいさつに交通整理を
求めたり、いろいろな場所に協力をお願い
をするシステムになっています。
(3)出動指令を受けると指令書を受けとりま
す。そして、すぐに防火服を着て、出動す
る場所をかくにんし、消防自動車に乗って
出動するという流れになっています。

20. 安全なくらしを守る④　39~40ページ

ステップ1

①消火せん　②国　③防火とびら
④ひなん　⑤消防団　⑥予防　⑦点けん

ステップ2

❶ (1)①⑦　②⑨　③⑦
　(2)消防団
　(3)①○　②○　③○　④×　⑤○
　⑥×

考え方 ❶ (1)⑦は防火とびら、⑨は熱感知
器（けむり感知器）です。
(3)⑥消防団の人たちは、火事のときだけで
なく、災害のときも地いきで助け合います。

21. 冬休みのホームテスト　41~42ページ

⭐ (1)⑦・エ（順不同）
　(2)イ
　(3)地いきこうけん
❷ ①イ　②ウ　③ア
⭐ (1)①オ　②カ　③イ　④ウ　⑤ア
　⑥キ　⑦エ
　(2)消防団
　(3)⑨・エ（順不同）
　(4)ほのお

考え方 ⭐ (1)イ品物はしゅるいごとにまと
めて売られています。⑨野菜や魚などは、
買う人それぞれの生活に合わせて、さまざ
まな大きさに切られて売られています。
(2)「くふうされた売り場」とあるので、かん
板がかかれているイがあてはまります。
⭐ (3)⑨ゴムボートはこう水などの水害（すいがい）のと
きに使われます。
(4)防火シャッターは、ほのおやけむりが広
がるのをおさえます。

22. 安全なくらしを守る⑤
43~44ページ

ステップ1

①けいさつ　②110　③パトロールカー
④整理　⑤へって　⑥自動車　⑦自転車

ステップ2

❶ ①交通事故　②けいさつ
　③交通整理　④事件

❷ (1)あウ　　いイ
　(2)①○　②×　③○　④○

考え方 ❷ (1)あのグラフは、交通事故のけん数、いのグラフは人口をしめしているので人数になります。
(2)①いのグラフをみると、人口はそれほどへっていないことがわかります。あの事故の件数は大きくへっています。②交通事故のけん数は、令和4年がもっとも少ないです。

23. 安全なくらしを守る⑥
45~46ページ

ステップ1

①110　②交番　③パトロールカー
④救急車　⑤病院　⑥早　⑦ようす
⑧場所

ステップ2

❶ (1)①110　②けいさつ本部　③通報
　(2)①ウ　②ア　③イ

❷ ①×　②○　③×　④×

考え方 ❶ (1)事故が起きたときは110番に電話をします。110番はけいさつの通信指令室につながります。119番は火事や救急のときの番号で、消防しょにつながります。
❷ ①交通事故をみかけたら、まわりをかくにんして安全な場所で、できるだけ早くけいさつにれんらくすることがたいせつです。③通信指令室から消防しょにれんらくがいき、救急車が出動しますが、病院へのれんらくは消防しょの人がおこないます。④パトロールカーは、現場に近いところからかけつけます。

24. 安全なくらしを守る⑦
47~48ページ

ステップ1

①交番　②パトロール　③あんない
④交通　⑤現場　⑥法（りつ）
⑦ひょうしき　⑧歩道　⑨自転車

ステップ2

❶ イ・エ・オ

❷ (1)①法（りつ）　②きまり
　(2)①ウ　②ア　③イ
　(3)①×　②○　③×　④○　⑤×

考え方 ❶ ア・ウは消防しょの仕事です。
❷ (3)①赤信号のときは、車が通っていなくても止まります。③自転車に乗るときは、暗くなったらライトをつけましょう。車から自転車が通っているとよくわかります。⑤歩道を自転車で走ってはいけません。

25. 安全なくらしを守る⑧
49~50ページ

ステップ1

①けいさつしょ　②役所　③事故
④カーブミラー　⑤防はん　⑥110番
⑦助け　⑧パトロール

ステップ2

❶ (1)①イ　②ア　③ウ　④ウ　⑤イ
　(2)ア・エ

❷ ①ガードレール　②信号
　③道路ひょうしき

考え方 ❶ (2)イ自動車が走っていないときでも、車道を歩くのはきけんです。ウ道路は歩行者のほうが自動車よりもゆう先されます。

26. まとめのドリル
51~52ページ

❶ (1)ウ　　(2)ウ
　(3)①病院　②けいさつしょ　③水道局
　(4)①消防自動車　②救急車

❷ ①ア　②イ　③イ

❸ (1)①はやく　②場所　(2)ウ　(3)イ・ウ

❹ (1)①ア　②イ　③ウ
　(2)①こども110番　②パトロール

70

や救急車の出動の指令が出されます。

(2)119番は火事か救急のとき、110番は事故や事件のときにかけます。

3 (1)②交通事故を見た人が110番通報しているので、日にちをいうことはありません。

(2)⑦は出動した救急車がれんらくをします。

(3)⑦事故を起こした車を修理工場に移動させるのは、車の持ち主です。⑦事故でけがをした人を運ぶのは救急の仕事です。

4 (1)③は点字ブロックです。③の上にはものをおかないようにします。

おうちの方へ 市の人口、交通、生活の道具を通して、市の様子の移り変わりを理解できるようにしましょう。

---

27. わたしたちの
市のうつりかわり① 53~54ページ

ステップ1

①人口　　②広　　③1995　　④2010

⑤へり　　⑥へって　　⑦65歳以上

ステップ2

1 ①×　　②×　　③○　　④○

2 (1)2022（年）　　(2)⑦　　(3)人口

考え方 **1** ①1972年の地図では、駅のまわりのゆうびん局は3か所、げんざいの地図では4か所あるので、げんざいの方が多いです。②げんざい交番がある場所を1937年の地図でかくにんすると、工場がなかったことがわかります。

2 (2)2021年はおよそ35000人、2022年は35000人と40000人の間で、およそ38000人として考えましょう。

---

28. わたしたちの
市のうつりかわり② 55~56ページ

ステップ1

①長野　　②オリンピック　　③新かん線

④バス　　⑤市役所　　⑥図書館

⑦公共しせつ　　⑧税金

---

1 (1)①⑦　　②⑦　　③⑤

(2)①

2 (1)税金

(2)⑦

考え方 **1** (1)問題文は、長野駅のうつりかわりについて説明したものです。長野オリンピックの開さいにむけて、交通きかんが整びされました。

(2)げんざいの長野駅前のようすについて説明したものです。①の写真から、多くのバスが乗り入れているようすがわかります。

2 (1)税金は、市区町村や国などが集めるお金で、公共しせつをつくるなど、多くの人の役に立つ活動のために使われます。

---

29. わたしたちの
市のうつりかわり③ 57~58ページ

ステップ1

①火　　②電気　　③板　　④みぞ　　⑤自動

⑥かまど　　⑦時間

ステップ2

1 (1)①⑦　　②⑦　　③⑦

(2)①かまど　　②せんたく板とたらい

③火ばち

(3)⑦

2 ①○　　②×　　③×

考え方 **1** ①はかまど、②はせんたく板とたらい、③は火ばちです。石油ランプは昔使われていた、部屋を明るくする道具です。

2 ②てんじされているしりょうは、勝手にさわらないようにします。さつえいをする場合は、学げい員の人にかくにんしてからさつえいします。③道具以外にも、さまざまなてんじしりょうを見て、今とくらべます。

1 (1)①オ　②イ　③エ　④ア
　(2)ウ（→）イ（→）ア（完答）
　(3)イ
　(4)2000年代

2 (1)ウ
　(2)イ・ウ（順不同）
　(3)②
　(4)①イ　②ア

3 ①鉄道　②元号　③人口　④税金

考え方 **1** (2)ウは1800年代、イは1900年代、アは2000年代のようすです。
　(3)ア長野オリンピックの開さいにむけて開通したのは、北陸新かん線の東京・長野間です。ウ長野市の人口が38万人をこえたのは2000年代です。エ長野市役所の開せつは1800年代です。
2 ①のカードは石油ランプ、②のカードはけい光とうについて説明しています。
　(3)「かんたんに使えるようになった」とあることから、道具がべんりになった今に近いころだとわかります。
　(4)ウは1950~60年代に使われていた「電とう」です。

1 (1)方位じしん
　(2)①病院　②けいさつしょ　③寺

2 (1)橋
　(2)ウ
　(3)ア

3 ①さむさ　②トラック
　③おろし売り市場　④原料
　⑤えいせい

4 (1)ウ
　(2)①×　②○　③○　④×

考え方 **1** (2)地図はふつう北が上であることから、それぞれの地図記号をみて考えましょう。

に電車が走っているのかはわかりません。
3 ③直売所は、農作物を市場を通さずに買うことができる場所のことです。
4 (1)コンピューターに向かって作業している人がいます。品物がどれだけ売れたのか、品物をどれだけ仕入れるか、などを調べています。

1 ①消火の訓練　②防火のよびかけ
　③器具の点けん

2 (1)通報
　(2)ア・ウ・エ（順不同）

3 ア×　イ○　ウ○　エ×

4 (1)①ア　②イ
　(2)③エ　④ア　⑤ウ　⑥イ

考え方 **2** (2)イ通信指令室はけいさつ本部の中にあります。オガス会社へれんらくするのは、火事のときです。
3 ア65歳以上の人口もふえています。エ15歳未満の人口もへっています。
4 (2)アはガスコンロ、イはかんそうきつきせんたくき、ウはせんたく板、エはかまど、オはせんたくきです。

■写真提供
アフロ／イメージマート／氏家昭一／アフロ／警視庁／PIXTA／
(c)YOICHI TSUKIOKA/SEBUN PHOTO/amanaimages